老夫子 香港采風 ①

香港道地私房景點遊

國家圖書館出版品預行編目資料

老夫子香港采風：香港道地私房景點遊 ／
　　邱秀堂作　；王澤漫畫.插圖.
-- 初版. - 臺北市　：賽尚圖文, 2009.10
　　面；　　公分.
ISBN 978-986-6527-12-8（平裝）
1.遊記 2.人文地理 3.香港特別行政區

673.869　　　　　　　　　　　　98017992

老夫子 香港采風－香港道地私房景點遊

作者・總編輯　　　　邱秀堂
老夫子漫畫・插圖　　王　澤
美術編輯顧問　　　　楊艷萍
文字編輯顧問　　　　盧美杏
美術編輯　　　　　　王慈聰　楊雅嵐　唐千惠　陳育錡

2009ⓒ　　老夫子哈媒體股份有限公司

出版者　　賽尚圖文事業有限公司
影像管理　賽尚數位影像部
地　址　　台北市大安區臥龍街267之4號之1樓
電　話　　+886-2-27388115
傳　真　　+886-2-27388191
封面設計・內文完稿　　馬克杯企業社　www.marcobe.com

製版印刷　　科億資訊科技有限公司
總經銷　　　紅螞蟻圖書有限公司
　　　　　　台北市內湖區舊宗路二段121巷28號4樓
　　　　　　（電話）02-2795-3656　（傳真）02-2795-4100

賽尚圖文事業有限公司　　http://www.tsais-idea.com.tw
老夫子哈媒體股份有限公司　http://www.omqcomics.com/
老夫子漫畫部落格　　　　http://blog.roodo.com/oldmasterq/

2009年10月10日　初版 第一刷發行

學歷史的人
往往有異於常人的眼光

◎張香華（國際桂冠詩人）

　　一般人來香港旅遊觀光，多半集中視線在五光十色的櫥窗，和林林總總的餐飲，很少有人會想到要從今天的景觀追溯背後的故事。而人類正因為有歷史所以豐富；因為有故事，所以有深度；因為有值得記憶的事物，所以才有厚度。繁華絢爛的背後發掘出多少生動又可歌可泣的過往，眼前的摩登時尚才不致於流於浮誇、淺薄、功利、短視。

　　秀堂這位玲瓏剔透的台灣女子，因為有「台灣古蹟仙」、「民俗大師」林衡道教授的真傳教導，練就一番探採風俗民情的功夫，成就了這本《老夫子 香港采風－香港道地私房景點遊》書，既古典風雅又流行趣味，來港一遊的人如果沒看這本書，就等於來到香港，卻進不了關！

　　我是個道地的香港永久居民，如果對書中的內容泰半覺得陌生，就是個歷史不及格的香港人。

　　熱烈盼望這本書的出版，且譯成不同的語文，為香港這顆「東方之珠」增加無限光芒和魅力。

序二

風

◎薛興國(作家/聯合報系香港新聞中心主任)

　　《國語》說：「吾聞古之王者，政德既成，又聽於民，於是乎使工誦諫於朝，在列者獻詩使勿兜，風聽臚言於市，辨祅祥於謠，考百事於朝，問譽謗於路，有邪而正之，盡戒之術也。」文中風聽的風，註者解析是采。也就是，風就是採集，聽取。

　　1996年，秀堂整理林衡道口述的資料，出版了《臺灣風情》，讓我們在她的「風」下，看到臺灣的多樣面貌。十年之後，她又到香港來「風」，把香港的歷史、人文和飲食文化等，作出慧眼的觀察，並且收輯成書，名為《老夫子香港采風　香港道地私房景點遊》，顯示她的「風」，不單是限於臺灣，更及於香港。書名中有個1，表示她還要「風」下去，把香港更多的面貌逐一顯現。

　　我從小就瘋《老夫子》，我們家人是《老夫子》的瘋迷。所以秀堂請來王澤作插畫，讓她的書更增風采，更令我們全家都迫不及待想看她眼中「風」到的香港，是怎樣的香港。我相信那是一個連我這個生長在香港的人都有所不知的香港，也是很多道地香港青年也不是很清楚的香港。因為，秀堂是唸歷史的，她對香港「風」，是透過時光隧道來觀看的。她的「風」，是香港「考百事」的「風」，就像一陣陣的清風，吹開濃霧，讓我們窺見香港的真正風格與流風。

　　「風」吧，秀堂，多來香港吹幾陣香港的海風，讓港人看看什麼才是真正的香港風味吧。是為序。

她愛古如痴　我樂當導遊

◎馬龍(漫畫家)

　　秀堂小姐說要將《老夫子》書中的「采風」專欄結集成書，囑我寫序。究其原因，肯定非看中在下文筆佳妙，而是我可以作為「主要證人」，證明他寫的「采風」文章，都是經過實地考察而成的。

　　認識秀堂沒十年也有八載，她和王澤每到香港，必定找我和舒眉見見面，而我，就是她「采風」最佳導遊。

　　秀堂是讀歷史的，是台灣史蹟專家，故此她喜愛一切古老建築物，其喜愛的程度，是達到「癡」的級數！

　　清人張潮《幽夢影》說：「情必近於癡而始真，才必兼乎趣而始化。」看他那種對古蹟古物的「癡而情真」，我當下頗有一個很「玄」的感覺：她唸歷史，固然是選對了科；但其實呢？是冥冥之中，歷史選對了她作為傳人！

　　我們每到一些頗具歷史的村莊，秀堂就好像含苞少女約會初戀情人一樣，其如癡如醉神態，實非筆墨所能形容於萬一。

　　我和王澤一看到這光景，遂心領神會，若附近有小店打尖最好，否則亦必設法捎來啤酒，找個地方歇腳聊天，因為秀堂此刻已入忘我(更加忘卻王澤和我們了)之境，在古蹟古物之中悠轉，非盡興絕不自動現身歸隊。

　　老實說，我們第一次遊新田「大夫第」，她「失蹤」時，因不知其「癡」情若此，曾想過要去報警尋人呢！

　　若讀者以為喜歡古物古蹟者，其性格必定古古怪怪，我可以在此作證，非也、非也！至低限度，不包括秀堂。她除了見到古蹟會進入忘我境界之外，一切如常，而且此美女貼近潮流，愛好生活品味。她在台灣，更曾經擔任觀光局與台北市美食評審，乃業餘的美食家也！

　　秀堂的這冊《老夫子　香港采風－香港道地私房景點遊》，內容宜古宜今，有古蹟掌故，也有都會名勝、吃喝玩樂和潮流「蒲」點，一書在手，就可邀遊香港成為「香港通」矣。

台灣流行鄉土教學，香港呢？老少咸宜的老夫子漫畫＋邱秀堂女史「上窮碧落下黃泉」式的親自採訪記錄＝《老夫子香港采風》，值得親子共讀！黛媽咪推薦，必屬好書。

汪詠黛（親子專欄作家）

秀堂是位諳文史、勤探索、愛鄉土、精饌食、樂獵影，言語詼諧，敬業樂群的俏佳人，於是成就了本書的精彩！

程榕寧
（作家/資深媒體人/金鼎獎得主）

透過作者的敏銳感受點綴著歷史滄桑與人文的時空關係；顛覆我對香港的浮華錯覺，折射出多彩的想像和敬意！

陳建良
（畫家/命理專家）

我在老夫子顧了幾年門口，最大好處是可以當老夫子精選系列「香港采風」專欄的第一個讀者，當第一個讀者享有什麼福利？那就是每次我回傳秀堂的文章後，便能得到她「棒！好棒！我愛你！……」等肉麻兮兮的話，她把肉麻當有趣，我把肉麻當養分，每天像老夫子一樣活得快樂無比。

現在，「香港采風」集結出書，可惜那些肉麻話沒能跟著出版，就請讀者發揮想像力啦，當真想像不出來也沒關係，那就跟著「香港采風」的腳步穿旁門走秘道，保證能讓你發現不一樣的香港，找到不一樣的快樂。

香港～嗯啊！我來了！

盧美杏
（老夫子精選系列
文字顧問兼顧門口）

「東西南北，多年來香江漫遊；春夏秋冬，秀堂足跡盡采風。」

吳清和
（資深媒體人）

秀堂多年在香港大街小巷探索，就像進出她自家的廚房一樣，一篇篇令人驚豔、精彩無比的報導，如同她高超的廚藝一般，讓人回味無窮！

楊艷萍
（老夫子精選系列美術編輯顧問）

五十字寫序哪夠啊？至少要五百五千吧！光從哪裡說起就要很費神了，其實人真是飲食動物，至少我是，多次在港的經歷除了朋友、建築、人群等林林總總之外，揮之不去的還是美食！

也許是從北方到南方的差距吧，蘭桂坊的燈光和音樂也許是太混雜了，強烈的可以互相抵消了，而鏞記的懷舊卻是忘不了的。這可以印證香港之「新」和香港之「舊」了。

文化就是要品味的，美食就更是要閱歷深厚才能得趣味的，香港的文化要多去才能品出味道，尤其是美食，要多品才能品出文化味道！

高冬
(畫家/北京清華大學建築學院副教授)

老婆陳也常說我身體有異味，不信！

看邱秀堂的香港采風，才發現香港果然仍有些可愛的地方。

回頭再嗅嗅自己…果真有些異味。

尊子(政治漫畫家)

記得初識秀堂時，她常披一襲質料輕柔的黑色長大衣，在風裡來風裡去，很有一份俠女味道，而這位令人樂於接近的女生，溫柔美麗，我若是男生，必定急起直追……。

方舒眉 (作家/漫畫總編輯)

「咦！我在這裡生活了幾十年都不知道的事，妳是怎麼知道的？」

秀堂寫的《台灣風情》，常讓我讚嘆！

這本《香港采風》，秀堂下了一番功夫，相信也會讓讀者驚豔！

陳牧雨 (水墨畫家/吳三連文藝獎得主)

秀堂要我寫「50字」的序文，簡直是滿清十大酷刑。

字數的配額，應該要與體重成正比。我現在體重150磅，所以交了150字的序，唉，為了衝這篇序的字數，每天狂吃。犧牲很大！

葉序（應該要叫葉問）：

問香港為何是璀璨的東方之珠？

問香港為何令人流連忘返？

邱秀堂帶妳在香港的現代與浮華中，尋找文化和歷史的足跡！

葉毓蘭 (老夫子忠實粉絲兼警政學者)

香港采風，有東方之珠的景緻，有悠長歷史的背景，有時尚流行的事物，也有源遠流長的趣味風情，到港遊不看此書，「如入寶山空手回」。

余岳橋
(吳興記書報社社長助理)

遊不盡香港的多姿多采

◎邱秀堂

本書不是旅遊書，這是筆者在老夫子帶路下，於香港旅遊時的文字採訪與攝影記錄，是最道地的香港旅遊「私房」景點，書中並穿插老夫子漫畫作者王澤父子的精彩漫畫與插畫配圖，如此好東西，當然不能藏私，就是要跟好朋友分享！

五年來，我們走訪香港大街小巷，發現了很不一樣的香港，有時尚，有吃、喝、玩、樂，有歷史、人文、民俗，原刊在每半個月一次的《老夫子漫畫精選系列》內，今結集成《老夫子 香港采風－香港道地私房景點遊》，邀請讀者與我們一起穿梭、探索今古時光，在另類的時空，發現香港有許多文化資產與意想不到的妙趣！

香港有歷史、文化嗎？這是我寫「香港采風」時最常被台灣與香港友人問到的問題。愛說笑咧，香港當然有歷史文化，而且新舊並陳，今古混融，相當有趣！

對酷愛古蹟的我來說，香港處處是古蹟，有形存在的、已消失的或轉型成今日的文物徑，都是我這些年來甘願冒著烈日或狂雨，深入走訪香港島、九龍半島、離島甚至穿村或郊野，樂此不疲的主因。

朋友問我：香港有什麼魅力？為什麼愛上香港？對香港什麼地方最好奇？先說好奇吧！對我來說最好奇的應是：「沙頭角－中英街」。什麼香港「殺頭角」？非也，是位於新界東北方大鵬灣西北角的「沙頭角」啦！而中英街這一條街，在1997年香港回歸中國後，一半屬深圳、一半屬香港，夠奇怪吧？書中「**沙頭角 中英街 兩樣情**」有我心情的表白。

讀過清史的人都知道，清同治明明只有13年(1874年)，為什麼長洲地區的洪聖廟竟然有同治14年的修護記錄？請看「**洪聖爺庇佑 長洲風調雨順**」一文！順便也邀請膽子夠大的讀者「**敢探險 就到長洲『方便醫院』**」！

都說香港是吃與購物的天堂，沒錯，置身於香港SOHO，會發現周邊充滿異國情調的餐廳與熱鬧的酒吧文化，也有極具傳統的中式餐廳與市集小吃；亦有極時尚潮流的精品名店，與傳統日用品雜貨舖；光是一條街就融合了東西文化的特色，這些內容都收集在「**香港SOHO古今融 荷李活道好風情**」、「**古董街裡文武廟 有文有武香火旺**」、「**上環荷李活道包公為你作主**」等文中；不想敗金，想求心靈的撫慰，沒問題，到中環的「**美麗聖約翰 七彩暖人心**」或到「**香火繚繞黃大仙 求緣求財求平安**」，魅力就在此，豐儉由人、悉聽尊便！

去了那麼多地方，最要感謝的是香港地陪，知名漫畫家馬龍、舒眉夫婦與小孩查理，一家三口陪我趴趴走，尤其馬龍還當柴可夫斯基(司機)，每回都是他開車、導遊，我不但放心且開心極了！有回走訪赤柱後到深水灣遇豪雨，（事後得知，當天下雨量是香港近年來最大的）仍意猶未盡，加上同行的有《老夫子漫畫精選系列》「香口膠」專欄作者安子，一夥人連夜冒著豪雨又跑到西貢吃海鮮，真是瘋狂！今「采風」出版，他怎能置身事外，多才多藝的馬龍不但寫序，還贈一幅我探訪古蹟的漫畫，真個是超級大好人，我喜歡！

又有一回由小王澤導覽，我與「老夫子喳喳百科」專欄作者雪實，亦步亦趨的在烈日下跟著他從中環、上環走到半山。他興致勃勃地講解，手指不遠的前方說，

往上走可通到西營盤、薄扶林，那裡就是與父親老王澤以前居住的地方；我手舉照相機正要取景，說時遲那時快，摔了一個大筋斗，差一點點就掉入山崖。當時心想真幸運，相機沒摔壞，等到爬起來準備與小王澤繼續往前尋根，突然一陣痛楚，「停！」我喊著，「報告，我膝蓋受傷流血了…」

工作中不忘遊樂、遊樂中不忘工作的我，能完成這套精美又豐富的《老夫子 香港采風－香港道地私房景點遊》，說真格的，我沒那麼大的本事，光看標題就會想讀內容，那是老夫子文字編輯顧問盧美杏的功力；看本書的活潑設計而愛不釋手，那是美術編輯顧問楊豔萍的創意、巧手，與小王澤的巧思、鞭策，以及資深媒體人汪詠黛的細心校正，同事呂坤成、林靜蘭與編輯團隊王慈聰等人的協助。

當然，還要感謝吳興記書報社老闆吳中興與余岳橋先生的支持，每次照片沒著落的時候，他們與香港「老夫子扮演團」團長鄺民龍，友人藍啟沛，以及舍弟盛材，都及時伸出援手。美麗可愛的林思穎與外甥胡文瑪替書中景點繪簡圖，還有香港知名藝術家Reni Wong送給我超傳神的畫像，用在書中的「小想法」中，都讓版面有畫龍點睛的效果，內心有說不出的感激與感動！

在人生的旅途中，我結交了許多亦師亦友的好友，這回兩岸三地的友人都來助我一臂之力，為我寫序。我是張迷（國際桂冠詩人張香華迷），她的詩與文采，都令我非常崇拜；近年來她受眼疾所苦，仍豪爽的一口答應為我寫序，感恩！前輩薛興國是海峽兩岸三地知名的作家、媒體人也是美食家，我是他的粉絲，經常拜讀他的大作，能夠得到他的序，感到萬分榮耀。

還有我的水墨畫老師陳牧雨，我的心靈導師命理畫家陳建良，我異父異母情同姊妹的葉毓蘭，還有資深媒體人程榕寧、吳清和，作家方舒眉、香港知名政治漫畫家尊子、北京清華大學教授高冬等；擁著這本書，就像擁抱著他們親如家人的愛。

謹將本書 獻給已故恩師「台灣古蹟仙」林衡道教授和先父邱鎮祥先生。

並向香港書報發行教父吳中興先生、老夫子漫畫作者王澤父子，致上最深的謝意。

※多才多藝的王澤，對陶藝也有一手，這是1997年老王澤到台灣「瓷揚窯」親手繪製的老夫子陶盤，老夫子手持捧花，慧黠又可愛！本人將此珍藏，特在此與讀者分享。

後記：

本書原參加「2009年香港國際書展」新書推介會與簽名會，現場大小讀者反應出奇熱烈，使我感動萬分，誰說香港人漠視自己的歷史文化？
今由賽尚圖文事業有限公司引進台灣出版，謝謝發行人蔡名雄與鄭思榕伉儷，讓台灣讀者也能一起分享《老夫子 香港采風－香港道地私房景點遊》！

上環
景點簡圖

港澳客輪碼頭

水坑口街

永樂街

西港城

德輔道中

㊝ 上環站

中環大道街

水坑口

水坑口街

東街

皇后大道西

摩羅上街

居賢坊

摩羅街

文武廟

中華道街

荷李活道

荷李活道

水洗毛

磅巷

ト公公園

普慶坊

硯池街

醫學博物館

堅巷

中環
景點簡圖

中環碼頭

干諾道中

德輔道中

香港站

中環站

渣打銀行

昃臣像

維多利監獄

藝穗會

煤氣燈

匯豐銀行

舊中銀大廈

中銀銀行

聖約翰座堂

錦記

胡文瑀、林思穎/繪圖

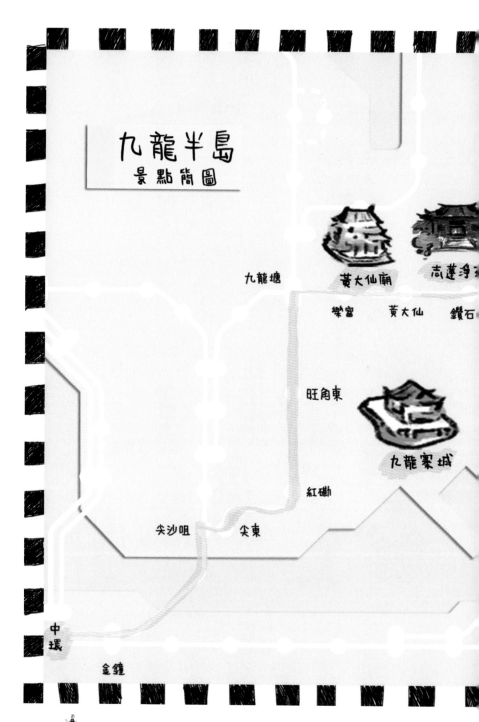

九龍半島
景點簡圖

九龍塘

黃大仙廟　　高蓮淨

樂富　　黃大仙　　鑽石

旺角東

九龍寨城

紅磡

尖沙咀　　尖東

中環

金鐘

新市鎮
景點簡圖

沙頭角·中英街

○上水

○粉嶺

天水圍
○

新田大夫第

○元朗

大埔 ○

屯門 ○

荃灣 ○

○沙田

將軍澳 ○

束涌

胡文瑀、林思穎/繪圖

香港全境
景點簡圖

新田

青馬大橋

香港迪士

香港赤鱲角國際機場

大嶼山

榕樹澳

方便醫院

洪聖廟
天后宮　長洲

沙頭角·中英街

新界

九龍

黃大仙廟

志蓮淨苑

九龍寨城

天星碼頭

虎豹別墅

薄扶林

山頂

香港島

深水灣

梅窩灣
渡輪碼頭

天后宮

南丫島

胡文瑀、林思穎/繪圖

目錄

老夫子 香港采風
－香港道地私房景點遊 目錄

上環

香港島

中環

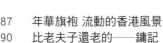

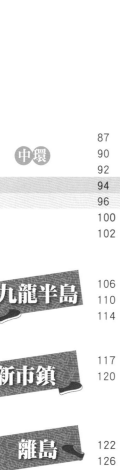

▼上環西港城古蹟活化，布舖、特色工藝品、懷舊餐廳、民間小吃再此重現！

西港城裡好時尚
大紅花布高高掛

花布，以前被認為是俗氣又豔麗的圖案，但曾幾何時傳統的大花布重新翻紅，如今各式各樣的花布商品，繽紛上市，甚至變成時尚的寵兒，成了時髦的裝飾藝品。

舊時港人生活重現

原來中環「永安街」賣有五顏六色、琳瑯滿目的花布，所以又叫花布街，也叫大姑街，但如今花布街消失在地圖上了嗎？並沒有，走，我們到上環的西港城（Western Market）逛一逛，會發現，原來花布「重現」在這兒呢！

瞧，西港城可不只是賣花布的地方喔，二樓除了「布舖」、其他樓層有主題餐廳，以及香港文化特色的傳統行業、工藝品外，四樓還開設了「懷舊酒樓」。走一趟西港城，環顧四周的懷舊物品、民間小吃、紀念品等，彷彿又回到舊時香港人的生活底蘊，既熟悉且又融合了中西文化。

老夫子帶路

●西港城（Western Market）是一座商場，位於香港上環德輔道中323號。
地鐵：上環站B出口（右轉）或C出口，沿德輔道中步行5至10分。

古蹟活化再利用

自1843年以來，上環一直是華人聚居的地方，英國人及其他外國人則住在中環。原來建於1906年的西港城，前身是舊上環街市北座大樓，這座以紅磚及花崗石砌成的英國愛德華式建築，底層入口有大型圓拱，外觀則以石塊色彩磚飾，大樓最初是船政署總部舊址，後來才改建為街市，現時為香港最古老的街市建築物之一，而舊上環街市並獲香港古物古蹟辦事處列為法定古蹟。

古蹟活化，西港城古蹟再利用，使得香港地方特色的文化與文物在此活靈活現！

到西港城買布，有較便宜嗎？

●英國愛德華式建築，指的是英國國王愛德華七世(1870-1936)時代的建築風格。
●到西港城坐地鐵至上環站，不如坐「叮叮」電車，欣賞沿途的洋式建築、唐樓等流動風景，感覺更棒！

小想法

采風資訊

●西港城更多資訊請瀏覽
http://www.westernmarket.com.hk/location.htm

▲「一八九四年鼠疫災區遺址紀念牌匾」，就掛在卜公公園入口處。

卜公變身花園
又稱花園仔

上環文物徑 訪古探幽
東華醫院 歷史悠久

鼠為生肖先，可曾知道老鼠曾在1894年間為香港帶來大災難？根據資料記載，當年，太平山街一帶人口眾多，衛生環境條件欠佳，所以鼠疫災情嚴重，因此不但實行清潔居所的各種衛生措施，政府同時收購了該區的屋宇，而且將房子拆了，夷為平地後的地方便改建成公

園，即今卜公花園。

上環文物徑 訪古探幽

為什麼會命名為「卜公花園」呢？因為公園建成是在英國統治香港時的總督卜力（1898～1903 Henry Arthur Blake）任期內。雖然花園在日治時期一度改為民眾運動場，現我們到卜公花園，即可以看到「一八九四年鼠疫災區遺址紀念牌匾」，就掛在此公園入口處。

在上環文物徑上的卜公花園（Blake Garden），有一個露天球場，近荷李活道與普仁街的東華醫院等，對喜歡訪古的讀者，文物徑上有許多古建築物，如文武廟、西港城、香港中華基督教青年會、合一堂，還有醫學博物館，都非常值得走訪一探。

東華醫院 歷史悠久

值得一提的是，1872年落成的東華醫院（Tung Wah Hospital，簡稱TWH），它是香港開埠以來歷史最悠久的香港三大醫院之一，另外兩間為那打素醫院與西營盤醫院。

　　當年以廣東華人醫院命名的「東華醫院」，董事都是社會上舉足輕重之有名望的紳商和華人領袖，如伍廷芳與何福堂牧師、何啟父子。

　　何啟是香港第一位獲封爵士榮銜的華人，而清末民初傑出外交家伍廷芳則是何啟的姐夫。

老夫子帶路

●俗稱花園仔的卜公花園，東面居賢坊上環新會商會學校，北面太平山街望荷李活道，南面普慶坊英皇書院同學會小學第二校，西面望普仁街東華醫院。

●從樂古道前下車，沿差館上街徒步上行兩分鐘可至北面球場入口。

采風資訊

請參考香港康樂及文化事務署文物徑網頁：
http://www.amo.gov.hk/b5/trails_sheungwan1.php?tid=24

不怕半山猛鬼街
欣見醫學博物館

乍聽半山堅巷公園一帶又稱「猛鬼街」，不禁嚇一大跳！難道二十一世紀的今天，上環地區還有猛鬼嗎？

當然沒有啦，是因為這裡有座位於半山區堅巷2號的「香港醫學博物館」（Hong Kong Museum of Medical Sciences，簡稱HKMMS）。

太平鼠疫　香港夢魘

話說1894年，太平山區堅巷公園、卜公花園一帶發生鼠疫，往後二十年鼠疫成了香港公共衛生的夢魘。十九世紀末，海外對細菌微生物有研究的科學家，紛紛來港尋找病因。

因此，在當時港督卜力爵士的建議下，於1950年在卜公花園附近建了「香港細菌學檢驗所」；這座非常典雅的紅磚建築，第二次世界大戰後改名「香港病理檢驗所」，後來用作醫療用品倉庫，直至1985年，經修葺

老夫子帶路

●抵達上環港鐵站後，由永樂街出口步行約二十分鐘可到。

▼香港醫學博物館，不單是建築物本體連展出的主題都非常有特色。

後，於1996年正式成為「香港醫學博物館」。

醫學博物館 疾病知分明

這座富有特色的主題博物館，已被政府指定為古蹟，館內陳列了當時的熱門研究科目如瘧疾、白喉等細菌學的資料與過去疾病被撲滅的情況，還有一些祖傳的春藥用器材，如鍘刀、藥刨、藥杵等。

對香港醫學發展史有興趣者，或對健康和疾病想多了解一歲的讀者，來此參觀肯定值回票價。

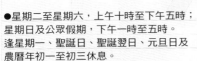

采風資訊

●星期二至星期六，上午十時至下午五時；星期日及公眾假期，下午一時至五時。
逢星期一、聖誕日、聖誕翌日、元旦日及農曆年初一至初三休息。
●聖誕前夕及農曆新年除夕於下午三時休館。
請注意開放時間，http://www.hkmms.org.hk/電話：
+852 2549 5123。2.

小想法

●此館建築物很特別，據說是本港建築師的傑作，有誰可以告訴我建築師的大名？
●隔著堅道，有堅巷公園（就在醫學博物館旁）與堅道公園，堅道（Caine Road）是以堅恩上尉（Captain William Caine）名字命名的。

香港SOHO古今融
荷李活道好風情

穿梭於香港SOHO，會發現周邊充滿異國情調的餐廳與熱鬧的酒吧文化，也有極具傳統的中式餐廳與市集小吃；亦有極時尚潮流的精品名店，與傳統日用品雜貨舖；有國際化的時髦超市，與百年歷史的

傳統菜市場；還有專賣傳統香燭與販售基督用品的店舖緊鄰，這條街融合了東西文化特色，實在有趣！

宗教信仰多元 店家各有千秋

位於香港中環至上環，有香港SOHO之稱的荷李活道。其中，士丹頓街是辛亥革命的發源地；而城皇街、永利街、華賢坊等三十間，則有香港夢工場之稱，因為有許多電影在此取景。

亦中亦西，既傳統又現代的SOHO區美食如雲，店舖各有千秋，現代化的西洋建築與唐樓風情並立，連宗教信仰也多樣化，有回教寺、文武廟、太歲廟與觀音堂等。

由於早年統治香港的英國人聚居荷李活道一帶的半山區，在「華洋分治」的政策下，華人大多聚居於今天的上環及中環閣麟街一帶，中國傳統文化、宗教習俗因而在此生根，其中太平山街更是保留了不少廟宇，如福德宮、濟公廟、太歲廟還有觀音堂等。

老夫子帶路

●荷李活道位於高地上連接中環與上環，東自雲咸街起，西至皇后大道西止。可搭半山手扶梯前往。

觀音借庫　威伏炎瘟

值得一提的是，清道光二十年(1840年)建立的「觀音堂」，正是香港「觀音借庫」習俗的創立廟宇；另外「百姓廟　濟公聖佛」，外觀雖不起眼，但佛堂內古色古香，其中有一塊光緒二十五年(1899年)立的「威伏炎瘟」(如下圖)匾額，似可見證1894年以後太平山區發生鼠疫的災難歷史。

●香港SOHO名字來自英文South of Hollywood而得，台灣將Hollywood翻譯成好萊塢，以為此地名與美國電影聖地「荷李活」有關，其實，香港用Hollywood是取此字的原意冬青樹。
●每逢農曆正月二十六日，香港有許多信徒都會湧到觀音廟祈福及借庫，希望財運亨通。

采風資訊

●請參考香港康樂及文化事務署文物徑網頁：http://www.amo.gov.hk/b5/trails_sheungwan1.php?tid=28

古董街裡文武廟
有文有武香火旺

之前中國大陸有則新聞報導：某中國文物專家把三國的人物作了大翻案，千百年來，關羽被傳頌為武藝超群、忠肝義膽、不近女色的英雄豪傑。但新發現的史料顯示，關羽心機頗深，有時不講道義，而且還是個好色之徒。這樣對關公的評價，對兩岸三地崇拜關公的人，情何以堪？

▼荷李活道的文武廟，
　香火鼎盛。

老夫子帶路

●荷李活道／摩羅上街／
樂古道
1.於金鐘太古廣場外乘26
線巴士，往荷李活道下
車。
　2.港鐵中環站 D2出
　　口右轉至戲院里，沿
　　皇后大道中往中環
　　中心方向走，然後搭乘
　　中環至半山自動扶梯往
　　荷李活道。

關公受歡迎　冬青樹為名

　　不過，民間對關公的信仰沒有
變，只要到香港荷李活道的「文武
廟」走一趟，就知道關公受歡迎的程
度。荷李活道（Hollywood Road），在
哪兒？它位於香港中環至上環間，是
香港開埠後興建的第一條街道。為什
麼叫「荷李活道」？它與美國電影業
的好萊塢有關嗎？

●此廟文物古區保存得
很好，農曆春節至正月
十五期間，很多信眾來
此攝太歲，台灣稱安太
歲。內有清光緒20年重
修香港文武二帝廟堂碑
記。

采風資訊

●請參考香港康樂及文化事務署文物徑網頁：
http://www.amo.gov.hk/b5/trails_sheungwan1.php?tid=18
每日上午八時至下午六時開放。

▲荷李活道的文武廟古色古香，信眾很多。　　　　　▲文武廟前的獅子石雕。

其實沒有，而是早年荷李活道一帶種有冬青樹(Hollywood)而名，此地是許多懷舊物品集中地，也叫古董街。

小心人多　盯緊開放時間

位於古董街的「文武廟」，「文」供奉的是文昌帝君；「武」供奉的正是關聖帝君關公。此廟什麼時候蓋的？已沒有資料可考，但廟內有清道光二十七年(1847年)的銅鐘，還有清同治元年(1862年)與清光緒十一年(1885年)的酸枝精工雕鏤，髹以真金色的鑾輿，真是古色古香。

荷李活道的文武廟，香火非常盛，尤其春節特別熱鬧，週末、週日上香的人也特別多，要來此廟參觀，一定要看好它的開放時間。

來，趨吉避凶找我老夫子，不準，免費再算！

上環荷李活道
包公為你作主

有沒有聽過包青天的民間故事？包青天為官清廉，濟困扶危，除暴安良的傳奇審案故事，大陸與港台都曾改編成電視連續劇或電影，如《狸貓換太子》、《烏盆案》等。

關節不到，有閻羅包老

包青天，又叫包公，本名包拯（999年4月11日─1062年5月24日）字希仁，廬州合肥人（今安徽肥東）。包公是中國北宋官員，以清廉著稱，民間諺語云：「關節不到，有閻羅包老。」所以大陸、香港與台灣都有包公的廟，甚至國外如菲律賓也有「包公廟」，以感念包公的清廉公正。

文武廟內有包公

你知道香港供奉包公的廟在哪裡嗎？

老夫子帶路

●荷李活道／摩羅上街／樂古道

1.於金鐘太古廣場外乘26線巴士，往荷李活道下車。

2.港鐵中環站 D2出口右轉至戲院里，沿皇后大道中往中環中心方向走，然後搭乘中環至半山自動扶梯往荷李活道。

▲文武廟內配祀包公祠。

　　就在香港上環有古董街稱的荷李活道「文武廟」內。東華三院管理的文武廟是香港一級歷史建築，廟內除了供奉文帝和武帝外還有城隍和包公。現在說來你可能不信，香港開埠初期，當初法制尚未完善，港人曾在此廟進行「斬雞頭，燒黃紙」的宣誓，還請包公幫忙裁決糾紛呢！

●請參考香港康樂及文化事務署文物徑網頁：
http://www.amo.gov.hk/b5/trails_sheungwan1.php?tid=18
每日上午八時至下午六時開放。

小想法

●「關節不到，有閻羅包老」，一說窮苦小民打官司，無錢無人打通關節不用怕，自有閻羅王包老大人為你做主；二說大官富豪雖然有錢有人打通關節，但只要到包公那裡，就什麼關節也通不了。

祈求文昌君
金榜題名有望

上環荷李活道「有文有武 香火旺的文武廟」，武是拜關公，文是文昌帝君，文昌帝君是誰呢？

文武古廟，除了港島區上環荷李活道，尚有新界區位於大埔區富善街的「文武廟」。

本當雷神拜　後變梓潼神

文武廟奉祀的「文昌帝君」，原是天上六星之總稱，即文昌宮。後人供奉的文昌帝君本名叫「張亞子」或「張惠子」，傳說係晉朝人，事母極孝，做官時不幸戰死，百姓懷念他給他立了一座廟當作「雷神」拜，因為靈驗異常，百姓有求必應，以後逐漸從「雷神」演變成「梓潼神」。

科舉制度的興盛，凡是讀書人不管是舉人、秀才、貢生、童生及私塾的老師，在二月初三日文昌帝君生日這天，都會帶著供品至文昌廟裡祭拜，除了祈福最

● 祭拜文昌帝君的供品，一是芹菜：代表勤勞、勤奮；二是蒜：代表計算；三是蔥：代表聰明。

小想法

●請參考香港康樂及文化事務署文物徑網頁：
http://www.amo.gov.hk/b5/trails_sheungwan1.php?tid=18
每日上午八時至下午六時開放。

◀考生祈求文昌帝君保佑，一舉金榜題名。

大的目的就是感恩。

努力讀書　好運自然來

　　時至今日，在香港或台灣的「文昌帝君」神位供桌上，總是擺滿了「准考證」影印本，在考前祈求文昌帝君保佑，一舉金榜題名啦！

　　俗話說：一命二運三風水四積陰德五讀書。在此也要祝福所有參加考試的讀者，努力讀書後都有好運氣，免得臨時抱佛腳。

老夫子帶路

●荷李活道／摩羅上街／樂古道
1.於金鐘太古廣場外乘26線巴士，往荷李活道下車。
2.港鐵中環站 D2出口右轉至戲院里，沿皇后大道中往中環中心方向走，然後搭乘中環至半山自動扶梯往荷李活道。

 香港采風 35

遇見國父——
文物徑的華麗探險

上環與中環一帶有許多與孫中山有關的歷史建築及遺址，連接起來成了一條文物徑。如聖公會創辦的拔萃男書室，和中央書院後改為皇仁書院，以及香港西醫書院(今香港大學醫科）都是孫中山就讀的學校與習醫的地方；美國公理會佈道所舊址是他受洗成為基督徒處。

孫中山先生號逸仙，（1866年11月12日－1925年3月12日），廣東省香山縣（今中山市）人，孫文是本名，因流亡日本時曾化明名「中山樵」，故後人慣以「中山先生」相稱，推翻滿清政府，被稱為國父的孫中山則以英文「Sun Yat-sen」(孫逸仙)聞名於世。

采風資訊

●香港興中會總部舊址：士丹頓街(是以英國下議院議員士丹頓命名)15號，可由德輔道中、荷李活道乘中環至半山自動扶梯步行皆可。
●輔仁文社舊址：在百子里，是香港島中環的一條後街掘頭路，位於結志街與鴨巴甸街交界的南面。

　　搭半山電梯來到士丹頓街「香港興中會總部舊址」，這是孫中山策劃反清活動的地方，原是乾亨行也是興中會核心成員黃詠襄之產業，還有「楊衢雲烈士殉難處」則是於1895年加入興中會的楊衢雲被清廷密探所刺殺之地。而「輔仁文社舊址」是1892年楊衢雲與謝纘泰創立的，革命志士常於該地聚會議事，此部分社友也參加孫中山先生的興中會。

　　今人不見古時月，今月曾經照古人，走訪文物徑，了解香港的歷史文化，正是我「愛上香港」的理由之一！

老夫子帶路

●文物徑散步路線：美國公理會佈道所舊址(必列者士街市場)——>皇仁書院舊址(1941年，皇仁書院不幸被日軍炸毀，至1950年該校才遷往銅鑼灣高士威道現址，而舊址則改建成為警察家屬宿舍)——>楊衢雲烈士殉難處——>輔仁文社舊址(百子里之入口處及小巷梯級，為昔日社員通往集會之路)——>香港興中會總部舊址。

走訪文物徑
最有氣質囉！

水坑口一升旗
香港變天了

有誰記得「六三禁煙節」？六月三日禁煙節又怎麼來的？禁煙節也牽繫著香港的命運嗎？水坑口與林則徐又有什麼關係？

虎門銷煙壯舉

這一切要從一生為國家盡忠，奮力抵禦外侮的愛國英雄林則徐，在道光十八年(1838年)十一月清朝任命他為欽差大臣，赴廣東查禁鴉片說起。

林則徐到任後隨即展開禁煙，嚴查煙販，整頓水師，曉諭外商呈交鴉片，當時來自外商最大的阻力，是怡和洋行的威廉‧渣甸(Dr. William Jardine) 及寶順洋行的蘭士祿‧顛地 (Lancelot Dent)。第二年，西元1839年6月3日，林則徐的「虎門銷煙」壯舉，把沒收英國東印度公司向中國大量傾銷的鴉片毒品在虎門海灘銷毀，從此，六月三日這一天就被中國訂為禁煙節。

《穿鼻草約》香港割讓給英國

中國的禁煙措施，遭到英國政府的強烈反應，西元1840年，英國的船艘

水坑口街真熱鬧！

Possession Street
水坑口街 9

●想知道更多水坑口遺址請瀏覽此網頁
http://www.amo.gov.hk/b5/t
rails_sheungwan1.php?tid=29

采風資訊

▶ 澳門蓮峰廟旁的林則徐紀念館，收藏有虎門銷煙等文書資料。

艦隊封鎖了廣州珠江口，鴉片戰爭爆發。

戰爭爆發後，雙方且戰且談，直至義律與當時欽差大臣琦善達成協議，並簽訂《穿鼻草約》，中國將香港島割讓與英國。英國海軍於1841年一月二十六日在水坑口（英

人叫做Possession Point，即「佔
領角」之意，故早期又稱波些臣
街）登陸升旗，香港正式成為英
國的殖民地。

才氣橫溢 文筆敏銳

生於福建省侯官（今福州市
閩侯縣）的林則徐（1785~1850），
除了抵抗西方的武力入侵，他並
且著力翻譯西報及
西方書籍。晚清思
想家魏源將林則
徐與幕僚翻譯的
文書合編成《海
國圖志》，此書啟
發了晚清後期的洋
務運動。

老夫子帶路
●水坑口街
（Possession
Street）位於香港上
環，南接地勢較高
的荷李活道，正北
接文咸東街，西北
連皇后大道西，東
南連皇后大道中。

林則徐，
他不只是傑出
的政治人物，而
且才氣橫溢，文筆敏銳，是
博覽經史的欽差大臣。曾任
湖廣總督、陝甘總督和雲貴
總督的他，因主張嚴禁鴉
片、抵抗西方的侵略，維護
中國主權和民族利益，深受
世人景仰。

小想法

●林則徐授命禁煙到廣州
查禁鴉片時，軍隊巡駐澳
門、香港九龍尖沙咀附近
的官涌（今香港九龍油尖
旺區佐敦）；今澳門提督
大馬路的蓮峰廟內有林則
徐紀念館，館內藏有虎門
銷煙，以及林則徐和朝廷
之間的文書資料。

踩著砵甸乍石板
古靈精怪全都搜

如果要採購化妝舞會、萬聖節或中國傳統節慶儀式中需要的東西與道具，很多地方買不著的，到中環的「砵甸乍街」(Pottinger Street)走一趟，肯定錯不了，說不定還會讓你有意想不到的收穫哩。

熱鬧石板街 應有盡有

「砵甸乍街」從街道到商店就都非常有特色，街道由石板一塊塊地舖成，下雨天時路面尚可止滑，故華人稱為「石板街」。這條街販賣的東西很多，如傳統的繡花鞋、舞會裏配套的眼罩、古靈精怪的衣服、裝飾品、假髮等，應有盡有，所以吸引了很多慕名而來的買家與欣賞的遊客，整條街熱鬧又有生命力。

見證《香港憲章》

「砵甸乍街」可以說見證了從1843年英國維多利亞女皇簽署《香港憲章》，宣佈香港成為英國殖民地的歷史，因為此街道就是以香港第一任總督砵甸乍(Sir Henry Pottinger 1789_1856)命名的。

老夫子帶路

●砵甸乍街道連接山上的荷李活道及山下的幹諾道中，其中皇后大道中至荷李活道一段最為陡直。

生於愛爾蘭的砵甸乍上任總督後(1843-1844)，隨即依據《英皇制誥》成立香港政府，設立了行政局、定例局(立法會成立初期的名稱)和最高法院。在香港以他命名的除砵甸乍街，還有香港島小西灣附近的砵甸乍峽、砵甸乍山以及位於九龍鯉魚門的砵甸乍砲臺。

小想法

●每回走在砵甸乍街，對於琳瑯滿目、特殊造型的飾品都感到很好奇，如果那天老夫子要舉辦一場化妝舞會，我肯定會在這兒買得樂不可支。

采風資訊

●鄰近的擺花街有很多賣花的小販，另以價廉物美聞名的H&M也在附近。

流金歲月
到「上海灘」懷舊去

每次走過中環「上海灘」這間時尚店，總會聞到一股很特別的味道，是什麼樣的味道？很難形容，內地歌手李泉唱的「流金一樣的時光　從身邊慢慢流過　你誘人溫暖的味道　滋潤了每個角落　風一樣的我　在繁華都市里穿梭　你的微笑　灑落每個時刻　我們的故事　數著春去秋來　日出 日落 長大了　相識 相知 相愛了　聚聚散散 捨不得 想念了生活的滋味 穿過春夏秋冬　夢著 醒著 尋覓著　點點滴滴 回味著　在這熟悉的地方」頗符合這種味道。是「城市的味道」嗎？

位於中環 畢打行底層

　　「上海灘」設在中環畢打行底層，早年稱必打行，今稱畢打行的

七層建築，於1924年，由巴馬丹拿建築師行設計，拱形門廊、柱式騎樓及雕刻裝飾和「上海灘」大樓內的木欄杆與門口的印度警衛，都讓人感到很特殊的味道。

每回走近「上海灘」，聞到這股特殊又熟悉的味道，我嘴角也會揚起來，深深吸一口氣，辛曉琪唱的「味道」：「想念你的笑 想念你的外套 想念你白色襪子和身上的味道…」在耳邊迴響，就在一瞬間，邊想這季「上海灘」的衣服、飾品又推出了什麼新貨色呢？好期待！

●我常跟朋友說，到香港如果沒有去三個地方，就等於沒有來香港，「上海灘」是其中的三之一，它對我的誘惑豈止是味道？

●但通常當季的衣服我都捨不得買，太貴了。買不起也有買不起的樂趣，那就是拿取免費、印得相當精美的當季服飾目錄過乾癮，等到減價拍賣時，當然就大方當個「台灣敗金女」，犒賞自己或當手信送朋友，開心極了。

老夫子帶路

●上海灘地址：中環畢打街 12 號畢打行地上（往置地廣場出口）
● 港鐵中環站(Central Station) D1 出口

摩登東方味
老外愛死了

「上海灘」流行的中國傳統服裝及飾品，對喜愛時尚的男女，趨之若鶩，連前美國總統夫人希拉蕊(Hillary Diane Rodham Clinton) 訪問香港時，都曾來這裡買過東西呢！

具有濃厚中國東方彩色又極富流行前衛的摩登款式T恤、棉襖、旗袍等，又有誰不愛呢？這裡的服飾與商品受中外人士青睞，除了美觀、舒適，且用色十分大膽，如螢光綠與螢光橘等特殊顏色搭配，嗯，它的特殊味道就出來了！

不過，「上海灘」當季的衣服價錢真不便宜，荷包不看緊，可就會大失血喔！

采風資訊

● 「上海灘」(Shanghai Tang)
營業時間：周一至周六 10：00 - 20：00 周日12：00 - 18：00 (852) 2525 7333
其實，在大都市或機場都有「上海灘」專櫃。
請參考網站：http://www.shanghaitang.com/

畢打街
難忘擦鞋好風光

到中環畢打街「上海灘」服飾店的巷弄裡，不知您有沒有注意到補鞋、賣鞋帶等服務還有擦皮鞋的「手工業」者，正劈啪劈啪的替顧客擦亮皮鞋？

　　想當年，許多城市的大街小巷，經常可見一張板凳、一個箱子的擦鞋童，見到穿皮鞋的客人經過便喊著：「擦鞋嗎？擦皮鞋！」

擦鞋小子如今變老闆

　　年長者如果記憶力不錯的話，電影《桃花江》裡，女主角鍾情曾穿著小乞丐裝與男主角秦沛一同上街擦皮鞋，且與大伙兒高興地唱著擦鞋歌：「不停劈啪劈啪響，不停劈啪劈啪響，只要兩毛錢呀擦一雙，皮鞋霎時換容光！」

　　擦鞋一行在香港盛極一時，是在第二次世界大戰(1949年)後，因為從內地湧進香港搵食十分困難，再說「先敬羅衣後敬人」，所以「擦鞋」業興起，擦鞋小子為賺點微薄的生活費，經常成群結隊跑到街上為人擦鞋。不過，現在巷子裡幾乎已看不到擦鞋仔，所見清一色都是老中壯年的擦鞋老闆了。

老夫子帶路

●港鐵中環站(Central Station) D1出口，也就是「上海灘」旁。

采風資訊　●擦鞋攤也賣很多與鞋相關的周邊商品，要換鞋帶，這裡提供顧客多種選擇。

請參考網站：
http://www.shanghaitang.com/

小想法

●據小王澤說，他父親老王澤住在香港時，正是這些擦鞋攤的常客。說著，說著，小王澤也坐上擦鞋攤了！

●「擦鞋仔」一詞，在香港另有個含意，那就是──拍馬屁啦！

擦皮鞋如女人化粧

　　可別小看擦皮鞋業者，行話說得好：「擦皮鞋如同女人化粧」，第一步：清潔皮鞋；先用牙刷和布沾水清潔皮鞋，再用皮革清潔劑清潔皮鞋。第二步：上油；用布把鞋油均勻塗抹在皮鞋各處，然後再用刷子擦皮鞋。第三步：拋光；用布條在皮鞋上來回用力地拉動，皮鞋就會變得很光亮。

　　據報導，目前有香港鞋博士擦鞋吧加盟連鎖店，專提供精緻擦鞋、高檔擦鞋、功夫擦鞋、按摩擦鞋等高檔服務，且還反攻內地去了。果真如此，香港畢打街巷的擦鞋業，在此還能再擦出財富火花嗎？擦鞋景觀還能維持多久？真是令人關切。

老記補鞋

但聞牛奶香
殖民風采留藝穗

每次經過中環雪廠街附近的下亞厘畢道的街口，總會被一棟很特別的建築物吸引，忍不住駐足多看它幾眼。

這棟突出又顯眼的建築，不只是它的造型、顏色，還有它充滿殖民色彩，至於為什麼會建在此街口呢？

百年牛奶公司 倉庫設此

經過友人指點，方明白這棟今名為「藝穗會」（Fringe Club）的磚砌樓層建築，屹立在此已將近百年了。早在1886年香港就有牛奶公司，當時從英國進口的乳牛在薄扶林設有牧場，生產新鮮牛奶，因為當年還沒電冰箱，所以不久(有說是在1892年)即在中環的下亞厘畢道興建倉庫，就在此處儲存冰品及乳製品的冷藏倉庫，並以現今的藝穗會會址作為辦公室。

歷史遺址 變身展藝場

「藝穗會」又是什麼組織呢？原來是間非營利機構及慈善團體，它於1983年接管了空置十多年冷藏倉庫的南段，作為藝穗節活動，且從1987年正式為藝術創作及

小想法

● 雪廠街(Ice House Street)又名鱷魚街，早期曾被稱為雪廠路及雪廠里，因為此地曾有冰廠；也因為早期股票交易場所設在此，炒賣股票大鱷一詞而又有鱷魚街之名。

采風資訊

●想知道更多「藝穗會」的展覽資訊，可上此網瀏覽

http://www.hkfringe.com.hk/

文化交流的展覽及表演場地，專門展覽美術工藝作品及舉行小劇場表演。

　　這樣充滿殖民風采的歷史建築遺址，不但變身為藝術家展覽的場地，也成了香港旅遊的熱門景點之一。每年年初的乙城節（City Festival）盛會，也都會在這裡舉辦，喜歡藝文的朋友，千萬莫錯過！

老夫子帶路

●地鐵中環　D1出口後往右手斜坡行
電話: 28774000
地址: 中區下亞厘畢道2號南座一樓

香港百年老街
利源東街活力四射

「我愛香港，因為香港人永不放棄！」、「菠蘿油，我愛你！」、「交通便捷，亂中有序」、「中、西文化與傳統、現代融合的美妙城市」。以上這些句子都見於前陣子的「尋找愛香港的理由」活動中。

港島廿人街　熱門購物點

香港迷人的地方很多，有的人愛上香港理由很簡單，純粹就是愛吃「餛飩麵」、「鴛鴦奶茶」的味道或喜歡逛「蘭桂坊」、「女人街」。香港聞人李嘉誠就說，我自己愛上香港的100個理由，其中，利源東街的商販埋頭苦幹，地方雖小卻充滿活力，是香港的縮影。

說到「利源東街」，它是是香港「百年老街」之一，和毗鄰的利源西街合簡稱為「利源東西街」(Li Yuen Street East, West)。夾雜在大廈叢中的利源東街，兩旁滿布小販攤，販賣各式各樣的衣服、首飾，以及富中國色彩的手工藝品，包括手錶、手袋及成衣家用品等多元化的商品，近年來更成為菲律賓等外籍幫傭最喜歡光

老夫子帶路

● 中環利源東、西街（港鐵中環站C出口）。

顧的地點，因此利源東街被稱為港島的「女人街」，與九龍旺角的「女人街」，同樣是熱門的購物景點。

富商金利源　愛國實業家

利源東街早年也叫「報紙街」，因為當時很多洋紙行、印刷油墨行、報業及出版業等聚集於此，很多香港人都知道利源東街是香港首條以華人富商金利源名字取名的街道。金利源不是人名，是商號。

當年廣東台山人李煜堂(1851~1936年)又名文奎，在香港創立金利源、水利源兩間藥材店。李煜堂與兄李紀堂，及子李自重，都曾參與國父孫中山的同盟會，尤其孫中山在香港創辦革命報刊《中國旬報》鼓吹革命，曾於1903、1906年出現財政危機，均先後得到李紀堂、李煜堂集資解困，他並曾於1932年籌款支援抗日義軍。李煜堂不但是富商，也是愛國的實業家。

●同行的小王澤跟我說，小時候他父親老王澤都帶他到此買衣服、文具等，因為此地的大陸貨較便宜。

●中環的利源東街和利源西街，是兩條並列的舊式小巷弄，形成一個小型露天市集，販售廉價的衣服、腕錶、珠寶、行李箱和鞋品等。
●市集位於中環皇后大道中和德輔道中之間，開放時間由每天早上10:00到晚上7:00。
請瀏覽http://www.discoverhongkong.com/tc/shopping/location-hk.html

▼才貌雙全的David Tang，隨
手畫的老夫子，很傳神！

香港「中國會」
用心收藏

曾經在報上看到一則新聞說：「美國富比世雜誌最近選出全球十大名人餐廳，榜上有名的餐廳不見得最高檔昂貴，但備受名流喜愛，如美國洛杉磯一家披薩店也獲選十大餐廳。十大名人餐廳有4家位於美國，3家在歐洲，亞洲有3家，包括香港高級私人聯誼社『中國會』與中國北京麗嘉酒店義大利餐廳『意味軒』。」

採會員制 點心精緻可口

說到香港的「中國會」，一般大眾知道的可能不多，因為他採會員制，僅限會員入內，所以到此交誼或用餐的人，大多是銀行家、企業家或金融界等專業人士等。許多來此用餐的人，都讚譽點心非常精緻可口。最近又多了意大利料理，即CIPRIANI CLUB。

▲在「中國會」王澤和筆者邱秀堂分別與David Tang合影。

1　2　3

「中國會」在舊中國銀行大廈頂樓，一進門即被幽雅的氣氛震懾，最令人讚嘆的是從樓梯的走道至每個房間的牆壁上，都懸掛了許多名家的書法、畫作等(如上圖)，這些藝術品包羅萬象，甚至包括民俗珍品、趣味小品與珍稀文物等。觀賞這些收藏品，恍若走到了大千萬象的博物館。

此餐廳氣氛不錯！

收藏老夫子眼光特好

這麼有魄力的收藏家，原來是對音樂、藝術、文學都有深入研究的鄧永鏘爵士(Dr. David Tang)，他是已故香港慈善家鄧肇堅之長孫，也就是中國傳統服裝品牌「上海灘」，與「中國會」各地的創辦人。

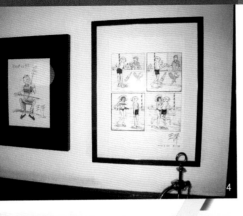

采風資訊

●「中國會」（The China Club）採會員制，會所開放時間從上午7:30分至午夜12時，有用膳餐廳、長征吧、私人宴會廳與圖書館。

　　香港「中國會」，也收藏了老夫子的漫畫(圖2、4)，從電梯即掛滿了老夫子的漫畫，讓客人一進電梯就有好心情，鄧永鏘爵士真是體貼顧客又有眼光哩！

小想法

●在此公開一個小秘密，鄧永鏘爵士收藏的老夫子漫畫，可是特別指定要小王澤畫的。

老夫子帶路

●香港「中國會」在中環銀行街舊中國銀行大廈13樓。
●港鐵中環站。

美麗聖約翰
七彩暖人心

在中環金融中心附近的花園道有座美麗教堂，不管是近觀或遠觀，這座以十字架形式建造的聖約翰座堂，都非常醒目又壯觀。從人來人往，熙熙攘攘的人群中進入此教堂，立刻會被彩色玻璃窗及窗上的基督十字架像吸引，內心頓時感到無比的安詳。

人情味濃 歡迎感恩禱告

建於1847年，1849年落成啟用的聖約翰座堂（如圖），是香港現存歷史最悠久的西式教會建築物，已被列為法定古蹟。早期聖約翰座堂乃是一靈修中心，現在只要是在開放的時間內，都歡迎民眾參加主日崇拜，無論你是香港居民或訪港遊客，到接待處自我介紹，他們都會提供有關的服務或牧民事工。

由於聖約翰座堂鄰近政府總部，因此，這些年來此座堂又多了一項頗具人情味的「功能」，那就是每逢有基督徒團體參與的示威遊行結束時，他們都會不分宗派，來此禮拜堂的花園內作感恩禱告。

老夫子帶路

●中環花園道四至八號，港鐵中環站。
●從皇后大道中的滙豐總行大廈入口步行至另一端的炮台里，聖約翰座堂就在不遠處。

小想法

●黃遵憲寫給梁啟超的詩：「寸寸河山寸寸金，侉離分裂力誰任？杜鵑再拜憂天淚，精衛無窮填海心」。

金輪銘武后　寶塔禮耶穌

　　還記得嗎？2003年，中華人民共和國國務院總理溫家寶首次訪問香港演講時，曾説香港是：「寸寸河山寸寸金」，他引用的詩是生於廣東嘉應州的晚清詩人，外交家、政治家也是教育家，別號「人境廬主人」的黃遵憲（1848年－1905年）寫給梁啟超的詩。

有趣的是，黃遵憲（字公度）在1870年第一次到香港寫了《香港感懷十首》，其中有一首：「酋長虬髯客，豪商碧眼胡。金輪銘武后，寶塔禮耶穌。火樹銀花耀，氈衣繡縷鋪。五丁開鑿後，欲界亦仙都。」這首反應香港十九世紀社會景況的詩，其中的「寶塔禮耶穌」，據考證，就是「聖約翰座堂」。

德神父，新年快樂、

老夫子，聖誕快樂、

采風資訊

●聖約翰座堂是香港法定古蹟，開放時間每日上午七時至下午六時。
請參閱網站http://www.amo.gov.hk/b5/monuments_60.php 或
http://www.stjohnscathedral.org.hk/chi/home.html

搞浪漫 上中環尋煤氣燈

在香港電視劇或電影中，經常可以看到情侶調情或分手的場景，在中環都爹利街的石階煤氣路燈取景。傍晚天黑時，煤油燈亮，情人行走於石階，份外感到浪漫，此地更成了香港懷舊景點之一，近年來深受觀光客的喜愛。

都爹利街石階 法定古蹟

已被列為香港法定古蹟的中環都爹利街石階及煤氣路燈，以花崗石砌成，裝有四支煤氣燈的中環都爹利街石階，根據資料顯示約建於1875年至1889年間，至於煤氣路燈的安裝年份不詳，煤燈的紀錄則在1922年，屬「雙燈泡羅車士打款式」（Two-light Rochester Models），是英國Suggs & Co 出產。

香港煤氣燈何時被電燈取代？「冒煙又冒熱，只有一點點亮。」這是1866

年時當港督的麥當奴爵士向殖民部的抱怨，他認為煤氣昂貴又不實用，年度照明費高達五百英鎊。1889年香港有了電燈，總部設於堅尼地道的「港燈中心」。

日月星相伴　香港放光明

　　香港是亞洲最早有電力供應的城市之一。今日香港島的日街、月街、星街、光明街及電氣街一帶，都是當年

小想法

●關於麥當奴爵士的抱怨，可以參考珍‧莫里斯Jan Morris的《香港大英帝國殖民時代的終結》一書。
●對於香港發展史有興趣者，另有一本很厚的書－中央編譯出版的《香港史》作者為Frank Welsh，很值得參考，謝謝知名漫畫家尊子送我這本厚書。

首先有電力供應的地區。日、月、星三條街道的命名來自《三字經》裡的「三光」，三光者，日月星，比喻電力帶來光明。不過，星街發電廠已於1922年拆卸。

老夫子帶路

●港鐵中環站H出口，途經雪廠街後，橫過德輔道中及皇后大道中，然後右轉往都爹利街。

采風資訊

●煤氣燈位於中環都爹利街。都爹利街前方就是名牌精品店，不買光逛櫥窗也是一大享受。

留連蘭桂坊
把酒談心

華燈初上、夜幕低垂，此時走在中環雲咸街，身旁各種不同膚色的人都有，耳邊傳來林心如的歌聲：蘭桂坊是什麼？蘭桂坊是愛情迷失的路口，蘭桂坊是酒醉的柔腸……呀！原來我已隨著人群來到富有情調的蘭桂坊(Lan Kwai Fong)了。

各式酒吧林立的蘭桂坊，於開埠初期，原為一紅燈區，據說有不少英國人到此尋歡喝酒，所以當時稱「爛鬼坊」，如今酒吧、食肆及娛樂場所林立，成為夜生活的重鎮，吸引了許多時尚男女。

早期到蘭桂坊，由友人尊子帶路到榮華里他朋友馬麗華開的「64 Club」，這兒經常聚集許多文化人，在此把酒談心，三不五時也有演藝沙龍的表演。什麼？「64 Club」已易主了？八九民運後應運而生的「64 Club」，每到週末客人幾乎飲到天光都唔願

▶尊子在「64 Club」拿起杯墊，隨手畫了小王澤。

走，現在居然告別蒲友了，果真天下沒有不散的宴席！

　　曾留連「64 Club」的人，一定很懷念在此煮酒論英雄的美好時光。

兩杯啤酒！老張！

采風資訊

●「64 Club」重新開業，不過已搬離蘭桂坊遷移至荷李活道文武廟附近。

http://www.discoverhongkong.com/tc/dining/nightlife-central.html

小想法

●蘭桂坊街道兩旁匯聚了異國風情的時尚美食街和酒吧，包括日本、印度、義大利、墨西哥、法國、美國、中東等地的美食，初次到香港的人，一定要來蘭桂坊見識一番，體驗多采多姿的香港夜生活。

老夫子帶路

●蘭桂坊—港鐵中環站D2出口，沿戲院里和德己立街往蘭桂坊，步行約5分鐘。

吃茶食 嗑茶經
陸羽最對味

香港茶樓那麼多，為什麼許多港人在招待外來訪客時首選「陸羽茶室」？我想，應該是愛「陸羽茶室」那份懷舊氣氛吧！

先説店名，陸羽，是我國第一位著《茶經》而將茶藝發揚光大的人，後世經營茶業者將他奉為「茶神」。喜歡喝茶的人，當然要找以茶著名的「陸羽茶室」。

再説「陸羽茶室」的裝潢古色古香，牆上掛有不少名人的墨寶與山水畫，喝茶有穿著傳統唐裝的老侍應生在旁為客人添茶水；要吃點心，印著各式點心與茶品的點菜單，薄薄一張也充滿著懷舊味；如果到櫃台埋單，還可看到算盤與舊時民間用的符號數字(不同於現在阿拉伯數字)，非常特別；大門外還有白布包頭的印度守衛。所以，要尋覓香江五、六0年代茶樓喝茶的氣氛，當然這裡最對味。

老夫子帶路
●中環地鐵站 D2出口。

位於香港中環的「陸羽茶室」，在1934年創辦時是在香港永吉街開業的，1976年才遷至今士丹利街現址，喜歡喝茶的朋友，來此有多種茶品任君選擇。

●在陸羽茶室除了可以喝到很特別的茶，小點心如湯綯沙餃、鮮荷糯雞卷、揚州煎蝦餅、甜品等都很可口。

采風資訊

●陸羽茶室
地點: 中環士丹利街24-26號
電話: 2523 5464
營業時間: 7:00-22:30

中環Central 香港島

廣場空留昃臣像
繽紛多彩少女皇

冬日的香港，繽紛多采多姿，尤其中環的皇后像廣場（Statue
Square）一帶，在聖誕節來臨的時候，都會佈置得有如北歐芬蘭的
聖誕老人鎮一般，高聳的聖誕樹，紅紅綠綠的聖誕節飾品、鈴鐺，叮叮
噹噹，到了夜間一閃一閃的燈光，將聖誕氣氛high到最高點！

皇后像到底在哪？

皇后像廣場是十九世紀末填海後興建的，但現在廣場已找不到皇后的銅像了。為什麼？原來置於廣場的一座維多利亞女皇像，在香港日治時期，被日軍運往日本，後來女皇像運回香港後，便遷至銅鑼灣的維多利亞公園。

目前我們在皇后像廣場看到的銅像，則是港督梅含理的銅像與南面的昃臣銅像。昃臣是誰？昃臣爵士（Sir Thomas Jackson，1841年－1915年）是英國19世紀末的銀行家，曾在香港上海匯豐銀行擔任要職，據説昃臣主掌匯豐的時候，他的策略使得業務大幅增長，因此有「幸運昃臣」（Lucky Jackson）的美譽。

假日有小菲律賓之稱

在廣場內，有一個高聳的和平紀念碑，此紀念碑建於1923年興建，是紀念第一及第二次世界大戰的殉難者。

●皇后像廣場位於港島中西區文物徑上；香港康樂及文化事物署於中西區設立一條文物徑，將區內的歷史建築及遺址連接起來，使遊人可沿途遊覽各處古蹟，了解該區的發展及演變。
●文物徑網頁
http://www.lcsd.gov.hk/ce/Museum/Monument/b5/trails_central1.php?tid=a2

采風資訊

皇后像廣場附近有許多建築物和景點，很值得一遊，如香港匯豐銀行大廈、香港前最高法院、現立法局大樓、皇后碼頭等。

有趣的是，近年來此廣場有「賓妹廣場」或「小菲律賓」之稱，因為在星期假日有許多菲籍至港謀生者，成群在廣場一帶活動。

觀光客到香港，皇后像廣場絕對不能錯過，逛完廣場可到對面的大會堂紀念花園走走，累了就到大會堂樓上飲茶。如果玩興還濃，乾脆搭上天星小輪到對岸的尖沙咀再逛。

老夫子帶路

●皇后像廣場及和平紀念碑，港鐵中環站 J1出口，然後步行約2分鐘。

●有一年冬與《老夫子精選系列》「喳喳百科」專欄主持人雪寶，前往皇后像廣場時，在繽紛的聖誕樹下，寫下許願的祝福，很神準喔。

兩銅獅坐鎮
匯豐銀行錢來也

身為香港人或來香港的旅客,都要用到港幣,你知道港幣怎麼來的嗎?發行鈔票的銀行又有哪三家?如果對鈔票有興趣者,不妨

買本「從錢莊到現代銀行－滬港銀行業發展」一書看看，內有各種鈔票、錢箱、存摺等。

匯豐──香港銀行代名詞

　　説到香港發行鈔票的銀行，有中國銀行(香港)和渣打銀行，還有就是遠在1865年即創立的匯豐銀行。在香港，匯豐銀行幾乎就是「銀行」的代名詞了，早年由蘇石蘭(Thomas Sutherland)發起創立的香港上海滙理銀行，後改名為香港上海滙豐銀行有限公司（The Hongkong and Shanghai Banking Corporation Limited）。

　　據説當年的股東由原來在上海分屬英、美、法、德、印等國的太古、沙遜、怡和、旗昌、禪臣等洋行外，其中還有少量的中國股東，如清廷王爺、富商胡雪巖，還有買辦古應春等。

採風資訊

●香港上海匯豐銀行前的兩座銅獅子，各有個洋名，一為史提芬，一為施迪，立於1935年。
●香港匯豐銀行網站：http://www.hsbc.com.hk/1/2/chinese/home

The world's local bank HSI

香港地標
名建築家傑作

　　現在位於皇后大道中的「香港上海滙豐銀行」建築物與銀行門口的兩座獅子，也已成了香港的地標之一。這座有如大機械造型的建築，完全改變了傳統樑柱支撐的結構，而是大膽的以鋼骨及玻璃帷幕，結合了粗獷、精美、科技與自然元素。打造這座銀行的建築師，正是英國的福斯特（Norman Foster），他也是被Skytrax評為五星級機場－「赤鱲角國際機場」也是「北京國際機場」的同一個建築師。

●喜歡拍照的人，會發現「香港上海滙豐銀行」從各種角度取景都很有趣。

老夫子帶路

●港鐵中環站K出口。

　　所以嚕，到中環，一定要去「香港上海滙豐銀行」看看門口前名叫「史提芬」與「施迪」的兩座銅獅子，找一找此兩頭銅獅子於那年、由誰籌造的？並順道乘免費電梯參觀此為世人津津樂道的頂尖傲人建築。

香江天際無限美
中銀大廈最耀眼

近年「幻彩詠香江」的燈光音樂匯演，將維多利亞港與香港多姿多采的天際線完美呈現，尤其在特別節日施放煙火時，景觀浪漫得令人讚嘆不已；近來在香港取景的電影場面越來越多，不管是港產或西方電影，都給觀眾留下深刻的印象，尤其年前荷里活拍攝《黑夜之神》蝙蝠俠系列電影，以香港天際線和海港作為背景，更是轟動。

中銀大廈　節節高升

　　在天際線眾多摩天大樓中，中環的「中國銀行」三角、棱柱狀形框架玻璃外型的獨特建築，更是香港最受矚目的地標之一。這座位於香港中西區金鐘花園道1號的「中銀大廈」，是中銀香港的總部，中國銀行(香港)有限公司(BOCHK)，簡稱中銀香港，是港元三家發鈔銀行的之一。1990年啟用的「中銀大廈」，原址為美利樓（美利樓今已在赤柱重現），獨特的中銀大樓有如節節上升的竹子，將中國傳統建築意念和現代化的先進建築科技巧妙地結合，是香港第三高的建築物，僅次於國際金融中心及中環廣場。

舊中銀大樓　四獅守護

　　當年開幕時曾在中環區內掀起風水戰的「中銀大廈」，是誰設計的呢？他就是以設計法國羅浮宮入口處的玻璃金字塔著名的貝聿銘先生。鼎鼎大名的貝聿銘是美籍華裔建築師，祖籍蘇州，生於廣州，他劃時代的抽象形式建築，被譽為現代主義建築大師，他認為光與空間的結合可以變化萬端，因此「讓光線來作設計」是貝聿銘的名言。

其實，中國銀行香港分行成立於1917年，而貝聿銘的父親貝祖貽，當年也是中國銀行創始人之一。今舊的中國銀行大廈，仍屹立在中環銀行街(圖6.7)，有四頭獅子守護著(圖1.2.3.4)，最特別的應是直通「中國會」的電梯(圖5)，因為電梯內全掛滿了王澤的「老夫子」漫畫。

5

老夫子帶路

●港鐵中環站K出口。

●新中銀大廈港鐵中環站J2出口，沿昃臣道步往皇后大道中。

小想法

●「中國會」是採會員制的俱樂部，僅限會員入內，讀者您想看電梯內的老夫子漫畫，禮貌上要跟警衛打聲招呼。

采風資訊

●Q&A

Q：中銀大廈內的中國電梯，掛滿哪位作者的什麼漫畫？

A：王澤的老夫子漫畫。

中國銀行網站：http://www.bochk.com/web/home/home.xml?lang=tw

向亞洲富豪招手
渣打深耕香港金融

在中環皇后大道上，香港上海匯豐銀行、香港渣打銀行和舊中國銀行一字排開，這三家銀行也是目前港幣的紙鈔發行銀行。而這三家銀行大樓都各有特色，其中抬高走道的渣打銀行，整個建築物看起來像一排直指雲霄的石柱碑，是出自雷莫·李瓦(Remo Riva)建築師之手。

渣打為OO7小說家族理財？

不久前，媒體以「渣打銀行力爭為亞洲富豪理財」為標題的報導，內容大意是説，渣打銀行宣布，購得弗萊明家族金融帝國的私人銀行部門——弗萊明家族與合夥公司（Fleming Family & Partners）的少數股權，從而重新推出面向亞洲富豪的理財業務。

這則新聞背後的主角Roddie Fleming，也就是FF&P的最大股東，讓人感興趣的是他到底與「OO7」系列小説的作者伊恩·弗萊明(Ian Fleming)是什麼關係呢？

1862年獲准在香港發行紙鈔

　　代號007的英國間諜詹姆斯・邦德(台譯龐德)，是全球最著名的間諜形象，雖然他只是英國作家伊恩・弗萊明(1908-1964)筆下的虛構人物，但從1962年第一部007影片《諾博士》上映以來，邦德形象早已隨著21部電影深入人心。

　　2008年1月8日是弗萊明一百歲誕辰，英國皇家郵政特別發行了一套邦德的紀念郵票，而007作者伊恩・弗萊明的姪子就是Roddie Fleming。

●港幣一百元面額紙鈔正反兩面，即香港渣打銀行發行的。

員工來自全球　最具國際特色

渣打銀行(Standard Chartered Bank，又稱標準渣打銀行)，在維多利亞女王的特許之下於1853年建立，Chartered這個字的英文原意即「特許」。其幕後推手是一名蘇格蘭人詹姆士・威爾遜，後來他創辦了著名雜誌《經濟學人》(The Economist)。

1969年渣打銀行由兩家銀行合併而成，分別是英屬南非標準銀行和印度新金山中國渣打銀行，1862年渣打獲准在香港發行紙鈔（1865 年發行第一張）。坊間有趣的傳說是，渣打銀行是最有全球國際特色的銀行，因為他們的員工，來自超過一百個不同國籍。

老夫子帶路
●港鐵中環站k出口。

采風資訊

●渣打銀行網站：http://www.standardchartered.com.hk/zh/

年華旗袍
流動的香港風景

有人說旗袍是流動的風景,從知名藝人鞏俐、張曼玉、章子怡在戲中或公開場所,一身旗袍真是風情萬種,而張柏芝與台灣知名歌星張惠妹的超短旗袍,更是令人另眼相看,靚!

連陳小姐都想要

說到旗袍,很多人對於嫵媚動人的張曼玉在「花樣年華」電影中所穿旗袍,印象肯定非常深刻,而老夫子漫畫中的「陳小

●如果運氣好的話，年華店裡的「拍賣品」區，可挖到寶物唷！

姐」，對於旗袍，更是情有獨鍾，君不見老夫子漫畫裡陳小姐的旗袍，各種款式、花色都有，將身材襯托得玲瓏有致，真是迷人哪！

在香港有很多地方可以去訂做旗袍，據我所知，如果逛到中環，很多女性友人包括我在內，除了到「上海灘」，都會到閣麟街的「年華時裝公司」找梁清華師傅打理，肯定錯不了。

專業量身　驚豔連連

年華時裝公司是香港老字號，它創立於1966年，許多中外名媛到年華訂做旗袍，都由梁老闆親自主理，和藹可親的梁老闆非常細心，專業量身打造，服務直到顧客滿意為止。

電影導演楊凡拍攝的「遊園驚夢」一片，女主角宮澤理惠在戲中的各式旗袍，令人驚豔，梁老闆說，「遊園驚夢」的戲服都是由他設計製作的。難怪，年華經常有不少外地遊客慕名前來訂造中式服。

觀光客到香港想穿現成的旗袍，年華也有，任妳選擇！合身的旗袍，華麗的棉襖外套，價錢都不斐，刷爆卡，可千萬別說，我沒有提醒妳！

趙太，你的旗袍可真好看！

老夫子帶路

●年華時裝公司位於中環閣麟街 38 號地下；電話：2544 2456 可搭半山自動扶梯前往；或地鐵中環站D1出口，沿皇后大道中步行至閣麟街。

采風資訊

●香港知名的「蛇王芬」臘腸飯、鴨潤腸飯與「麥奀記」的餛飩麵，非吃不可。這兩家店就在年華時裝公司附近，非吃不可。

比老夫子還老的
─鏞記

到中環尋找美食，當然不能錯過「鏞記酒家」（圖1）！年前鏞記出版《走過六十年─鏞記》一書，原來他的歲數比老夫子還老呢！以燒鵝馳名的「鏞記酒家」始創人甘穗煇，於1942年從廣源西街大排檔開始經營，1964年搬至威靈頓街，即今日的「鏞記」。巧合的是，王澤的老夫子漫畫第一本單行本，也是1964年出版的。

去過鏞記酒家的客人，發現沒？酒店內立了一尊中國古代偉大書法家王羲之的塑像，王羲之因為特別喜歡鵝，傳說他書《黃庭經》，與一道士換了一籠又肥又大的白鵝，因此這小楷作品也被稱為《換鵝帖》，傳為千古佳話。

酒店牆壁還有幽默大師林語堂七十九歲時所題的字，林語堂曾說：

老夫子帶路
●鏞記酒家位於香港中環威靈頓街32-40號，電話：(852) 2522 1624
地鐵中環站D2出口，步行約五分鐘。

小想法

●多次到鏞記，謝謝請客的友人尊子、馬龍還有湯珈鋮（圖3）等，最難忘的是有一回和知名建築師Daniel Libeskind、Nina夫婦（圖2），慶祝小王澤與Nina的生日，從下午吃到將近傍晚，店家的服務完全沒有打折扣。

3

「吃是人生為數不多的享受之一，我們需要認真對待的問題，不是宗教，也不是學問，而以吃為首……。」

　　獎項紀錄輝煌的鏞記酒家，曾被評選為「我最喜愛食肆」及「金牌燒鵝—香港地道美食」，也曾列入米芝蓮(台灣稱米其林)飲食指南。對菜單有興趣的看倌們，請您參考此網站就知：http://www.yungkee.com.hk/history/history-c.html

采風資訊

●到鏞記務必訂位；遊客要買手信，有鏞記XO醬等。

雨巷詩人戴望舒
題壁詩香港發光

近年來台灣的大學學測的國文科考題很有創意，不僅考古文詩，也考現代詩的意境，如三〇年代名詩人戴望舒(左上角圖摘自網路)的新詩就在考題內。

說到戴望舒（1905年3月5日—1950年2月28日），他最為著名的詩篇就是《雨巷》。

其實海峽兩岸三地的大陸人、香港人與台灣人對戴望舒應該都不陌生，他是中國近代詩人，生於浙江杭州，筆名有戴夢鷗、江恩、艾昂甫等，也翻譯了許多國外作品。1938年在香港主編星島日報《星座》副刊及《頂點》詩刊，1941年日本佔領香港，詩人被捕入獄，在域多利監獄坐牢。

如果我死在這裏，
朋友啊，不要悲傷，
我會永遠地生存
在你們的心上。

你們之中的一個死了，
在日本佔領地的牢裏，

老夫子帶路

● 港鐵中環站，從荷李活道東段之首，奧卑利街斜路山腰上。

他懷著的深深仇恨，
你們應該永遠地記憶。
當你們回來，從泥土
掘起他傷損的肢體，
用你們勝利的歡呼
把他的靈魂高高揚起，
然後把他的白骨放在山峰，
曝著太陽，沐著飄風：
在那暗黑潮濕的土牢，
這曾是他唯一的美夢。

●建於1841年的域多利監獄，在中環奧卑利街斜路山腰上，是香港殖民地時代的第一所監獄，現為香港法定古蹟之一。

　　以上就是戴望舒的《獄中題壁》；另一篇《我用殘損的手掌》詩篇，也都可看出一位中國文人的錚錚鐵骨。戴望舒於1950年2月病逝於北京。

采風資訊

●更多域多利監獄資料，請瀏覽此網頁：
http://www.lcsd.gov.hk/ce/Museum/Monument/b5/monuments_55.php

　　二十世紀初及中葉，許多中國知識份子來到香港，滋養了香江這塊土地。

港大「陸佑堂」
電影情緣 生生流轉

1

李安導的「色，戒」電影，叫好又叫座。您可知道「色，戒」影片中，有一場香港大學學生演話劇的部分戲，是在香港大學「陸佑堂」裡頭拍的？人生如戲，李安這場「陸佑堂」的戲，可知陸佑牽繫著「色，戒」原著張愛玲（1920－1995年），與電影人陸運濤(1915年-1964年)的電影情緣？

張愛玲在1939年考入香港大學文學院，值得特別一提的是，1957年至1964年，她曾加盟陸運濤的「電懋」電影公司，張愛玲為電懋所編寫的《情場如戰場》、《小兒女》等劇本，在當年亦是叫好又叫座的電影。

陸運濤有「香港影王」之稱，他除了經營電懋影業公司，也是世界知名的鳥類學家和鳥類攝影家，不幸於1964年赴臺灣參加亞洲影展時，遇空難在台灣逝世。陸運濤的父親即鼎鼎大名的「錫礦大王」陸佑。

　　原籍廣東鶴山的陸佑，在馬來西亞以開採錫礦起家。香港大學大禮堂命名為「陸佑堂」（圖2.3），是紀念樂善好施的陸佑，今禮堂外還立著陸佑的銅像（圖1）。好個「陸佑堂」，陸佑將電影史上具有影響力的名人，其子陸運濤、編劇張愛玲和國際大導演李安，在此生生流轉。

　　香港大學是香港歷史最悠久的，於1910年時任港督盧押（Frederick Lugard）和居港富商麼地（Hormusjee Navrojee Mody）發起建校的，1912年落成，後來華僑陸佑捐款贊助這棟大樓。此富有文藝復興風格的建築，今已被列為香港法定古蹟。

小想法

●《小團圓》一書的出版，張愛玲神秘的小說遺作終於揭開面紗！前半本寫的香港學校生活，幾乎可以對號入座就是十九歲的張愛玲漂洋過海到香港，以香港大學求學期間為背景。
●感謝老夫子扮演團團長鄺民龍提供此頁面部分照片。

采風資訊

●香港大學內的法定古蹟有：大學堂外部、孔慶熒樓外部、鄧志昂樓外部
更詳細資料請瀏覽：http://www.amo.gov.hk/b5/monuments_hk.php

斯人已遠
戀戀虎豹別墅

香港還有哪些令人懷舊的景點？記得年前台灣「國際旅遊展」時，香港旅遊發展局香港館主打的「懷舊浪漫之旅」，根據新聞報導，很快便吸引了超過500名以上的台灣旅客來香港旅遊。因為李安導的電影「色，戒」，在港台票房長紅，因此，香港館的「懷舊浪漫之旅」安排，包括體驗劇中主角搭乘的叮叮車，走訪陡斜的石板街及兩旁老舊小店、歷史最悠久的香港大學，以及張愛玲最鍾愛的小説場景淺水灣露台餐廳等，最受年輕人青睞。

香港八景 虎塔朝暉

要説香港令人懷舊的景點，其中擁有70幾年歷史的「虎豹別墅」（Haw Par Villa），是早期很受歡迎的旅遊景點之一。想當年我於1982年第一次從台灣到香港旅遊時，就曾跟著導遊探訪「虎豹別墅」，這座位於香港島半山大坑道的東方園景式別墅，為紅牆綠瓦宮殿式房屋，極富中

國傳統民族特色，對於別墅內有許多佛、道傳說的山壁雕塑、「虎塔」及「18層地獄」印象最為深刻，其中「虎塔朝暉」，曾被譽為香江八景之一。

　　「虎豹別墅」於1935年由富商也是萬金油創始人胡文虎斥資興建的，命名是由胡文虎和其弟胡文豹的名字而來。出生在緬甸仰光的胡文虎，父親胡子欽，是中國福建省永定縣人，年輕時因為家境清貧，在1861年孤身漂洋過海到仰光行醫，並開設「永安堂藥舖」，胡文虎後來發揚光大把其父的永安堂藥舖改名為「永安堂虎豹行」。

二級歷史建築 期待古蹟活化

　　胡文虎生前是個慈善家，他到了香港買下大坑道的一座小山，興建「虎豹別墅」，供人旅遊。胡文虎也於1938年創辦「星島日報」，有海內外一代「報業女王」之稱的胡仙，即是胡文虎的女兒。

　　不過，胡文虎於1954年病逝後，這座私人的「虎豹別墅」，陸續被後人出售，虎塔、十八層地獄雕刻也被拆，這座屬二級歷

史建築的虎豹別墅，倖存的部分大宅和私人花園目前由政府管理，如果古蹟「活化」，「虎豹別墅」可以再開放觀光，真是令人期待呢！

老夫子帶路

●香港虎豹別墅位於香港島大坑的大坑道，鄰近勵德邨的住宅大廈群落，目前並未開放。

采風資訊

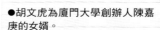

●胡文虎為廈門大學創辦人陳嘉庚的女婿。
●Tiger Balm Gardens (虎豹花園)一書　作者：Judith Brandel 及 Tina Turbeville
出版商：Aw Boon Haw Foundation

▼樂善好施的田家炳先生。(2000年攝
於台灣田家炳基金會辦公室)

富豪奇人善行
點亮深水灣

某年八月下旬的傍晚，馬龍一家、我
與安子來到深水灣，天色已暗，深
水灣的沙灘很靜、很美，海灘小食亭的霓
虹燈與天上的星星閃爍著，感覺很浪漫。
此時走在沙灘很舒服，放眼過去，不遠處
即是香港著名的淺水灣與海洋公園。

名人富豪比鄰而居

深水灣的環境好得沒話說，除了沙
灘是休閒好去處外，還有高爾夫球場及各
式洋房、獨立花園大宅院。據說，有「香
港地產皇帝」之稱的香港首富李嘉誠，及
曾在商界與政海叱咤風雲的已故「世界船
王」包玉剛，也都住在深水灣。

有一位我很敬重的長輩也曾住在深水
灣且與李嘉誠為鄰，這位長輩多次邀請我
到他深水灣家作客，但尚未來得及拜訪，
這位億萬富翁就將他居住了37年、價值
5600萬元的深水灣豪宅變賣後，與家人搬
進一套租來的小公寓，並且將賣房所得款
項全部又捐資助學。

▼從左到右為田家炳、夏華、七子田熾先與邱秀堂。(2001年攝於台灣富都酒店)

● 坐擁億萬財富的田家炳先生，生活非常簡樸、低調，為人十分謙虛。在香港、中國大陸他所資助興辦的醫院與教育機構上百所，但仍感到自己力量太小的田先生，目前仍然持續捐贈興辦小學、中學、師範學校等。原籍廣東省大埔縣的田家炳先生，生於西元1919年，西元1958年到香港定居。

田家炳星空中閃耀

這位世上少有的「樂善好施」奇人，就是「香港人造革大王」─田家炳，他長年來持續支持香港各大慈善機構，更在中國大陸31個省、直轄市、自治區獨資襄助捐建項目數百所的學校與醫院等。因熱心公益，1994年南京紫金山天文台發現2886號小行星，就命名為「田家炳星」。

抬頭望著星空，想著深水灣聚集了宅心仁厚又熱心公益的富豪，想著田家炳的傳奇善行，今晚的星星似乎特別亮晶晶！

老夫子帶路

● 深水灣泳灘是位於淺水灣之西北，從中環、銅鑼灣、尖沙咀有巴士與專線小巴。

采風資訊

● 台灣田家炳基金會：
http://www.tinkaping.org/a1_project

世界知名夜景
太平山越夜越美麗

眾所周知，要選世界知名大都市夜景，香港的夜景肯定名列排行榜。到哪兒欣賞香港的夜景？很多遊客的首選就是太平山，因太平山上除了展望佳，山上還有許多浪漫的餐廳與景觀台，可說是情侶們約會散步、談心的好地方。

太平山餐廳 熱巧克力醬蛋糕必嘗

　　來到凌霄閣旁的「太平山餐廳」（原稱山頂餐廳），此座別具一格的平房小屋餐廳，原是建造山頂纜車的英國工程師的工作間及宿舍，後來為「轎子停放處」。

1   2

大廳佈置亦中西的太平山餐廳(圖1)，提供多國菜式，甜品也很誘人，據說很多港人不辭辛苦上山，就是為品嘗「熱巧克力醬蛋糕」呢！通常我與友人來此，不管是冬天或夏日都喜歡坐在戶外露天茶座(圖2)，

用餐或只是喝杯冷飲或啤酒，心情份外放鬆。

克頓道
發現維多利亞城界石

到太平山沿著山邊小徑散步，是一定要的，但別光俯瞰山下維多利亞港景色，在克頓道步道上仔細看，還有刻「City Boundary 1903」字樣的維多利亞城界石，現已成為標誌城市邊界的歷史遺蹟了。

前身是老襯亭的凌霄閣，是山頂纜車的終點站，也是購物與

老夫子帶路

如何搭纜車？
● 於中環 6 號碼頭對出的停車灣乘15C線巴士至中環花園道或從港鐵中環站J2出口步行。
● 於中環交易廣場 巴士總站乘15線巴士。(港鐵香港站D出口)
● 於港鐵香港站公共運輸交匯處乘1線專線小巴。
● 下山不坐纜車，山頂廣場旁就是巴士總站。

娛樂的好場所，「香港杜莎夫人蠟像館」與三樓的「信不信由你」，都可一試！經常在旅遊書上看到的凌霄閣建築，是由英國建築師泰利‧法瑞爾(Terry Farrell)設計的。

山頂廣場 達利迷開DALI服飾店

對面的時髦山頂廣場，應有盡有，也是讓遊客留連的地方，商場三樓的「DALI服飾店」（圖3），是我上太平山的誘因之一，因店中有許多民俗風服飾，賞心悅目！劉老闆夫婦待人親切，因經常來此光顧，後來我問老闆：為什麼把店名取：DALI服飾店？原來帥哥老闆是DALI迷！

夜幕低垂、萬家燈火，從獅子亭眺望維多利亞港及九龍海景，有夠眩目，太平山的夜景，真是美極了！

有得吃、有得看、還有得買，正是我「愛上香港」的堂皇理由。

●太平山為香港的一個山峰，海拔552米，是香港島的最高峰。太平山爐峰峽是一個著名旅遊景點。香港境內，人們多稱太平山山頂為山頂（The Peak）或太平山頂。

采風資訊

●到太平山，去程可選擇搭纜車，欣賞沿途窗外不同的風景，下山則可選擇搭巴士下山。

●對我來說，到了山頂，如果不進去「Dali服飾店」逛逛並買些手信(台灣稱伴手禮)，我是不肯下山的。

●謝謝邱盛材提供104頁夜景照片。

香火繚繞黃大仙
求緣求財求平安

「百花競放賀陽春 萬物從今盡轉新 末數莫言窮運至 不知否極泰來臨」，這首唐明皇賞花詩，是黃大仙祠第一百支靈籤，讓我想到2008年老夫子在「黃大仙龍翔中心」，迎鼠年倒數活動時，順便與王澤來到黃大仙廟，親眼目睹萬人空巷，信徒爭上頭炷香，人人祈求的不都是希望「萬物從今盡轉新」嘛！

善男信女　轉運風車

黃大仙廟在香港無人不知、無人不識，平日香火極盛，到了年底及正月初一至十五日時，前往該廟酬謝過去一年神恩或求神庇佑未來一年的善男信女，有如潮湧，熱鬧非凡，與廟前花花綠綠的「轉運風車」相映成趣！

位於香港九龍半島東北的黃大仙，原名「竹園」，因為在區內有一座「赤松黃仙祠」而名。黃大仙祠原先供奉在灣仔，據說因大仙乩示，於1921年到竹園吉地，建「嗇色園」設壇供人參拜，黃大仙祠已被列作香港二級歷史建築。

老夫子帶路

●嗇色園黃大仙祠
港鐵黃大仙站B2或B3出口。

求醫問藥　心誠則靈

　　民間傳說黃大仙在1915年，由梁仁庵道長從廣東西樵山普慶祖壇傳入香港的，據說信徒不管是求福、求子、求財、求工作、求良緣，乃至求醫問藥，黃大仙箕示的「藥籤」和「靈籤」都屢屢應驗，因此求醫問方的信徒越來越多，甚至名揚海外。

　　終日香火繚繞，「有求必應」的黃大仙是何方神聖？追溯黃大仙的身份，有很多不同的傳說附會，但從廟前石坊的題字：「金華分蹟」，這位「叱石成羊」、「得道長生」的小牧童黃初平應是浙江金華人，今日金華「黃大仙故居」仍在。

●白天與夜間到「黃大仙祠」參訪，給我的感受很不一樣，但同樣的是來朝拜的善男信女絡繹不絕。
●欲知金華「黃大仙故居」更多資料，請看天地出版社曹聚仁寫的「湖上雜憶」。
●謝謝美麗的李秋慧小姐，提供多張黃大仙的照片。

「有求必應」的黃大仙是何方神聖？

老夫子的乾媽，你也來拜拜呀！

●黃大仙祠內珍藏不少道教、佛教和儒家的典籍，兼容儒、釋、道三教，有關更詳細資訊，請瀏覽香港旅遊發展局介紹http://www.discoverhongkong.com/tc/attractions/kln-wongtaisin-temple.html

采風資訊

是呀！老夫子的姑媽，黃大仙最靈的！

到志蓮淨苑開眼界
謹守廿四「勿」

不要懷疑！你看到的照片可不是在日本，是香港鑽石山的志蓮淨苑。

在寸土寸金的香港，怎麼會有一座佔地廣、又極富中國傳統特色的佛教寺院呢？真是讓人大開眼界了！

曲折迴廊 典雅古樸

原來創立於1934年的志蓮淨苑，創辦人葦庵法師早年曾在此開辦義學，為附近貧窮的失學兒童提供教育機會，繼而又收容無依無靠的孤兒及老人，1990年淨苑開始整體築群的設計重建計畫，並推廣佛教文化工作，於2000年正式開放，與民眾結緣。

進入淨苑的山門，寬敞而曲折的迴廊，依著山形地勢自然舒展開來，氣勢典雅古樸，善男信女可在殿堂誠心參佛，或散步於幽靜的蓮園，都可讓人暫時拋下煩惱。

●志蓮淨苑除了建築恢宏，院內的花木扶疏尤其是茶花盛開時，煞是好看。

●志蓮淨苑內部開放時間為每日上午９時至下午４時，逢星期三休息；正門前的蓮園開放時間為每日上午７時至晚上７時，費用均免。

采風資訊

修行禮佛清淨地

　　設計仿照中國古代唐朝木構建築風格的志蓮淨苑，被譽為香港「宗教與文化瑰寶」，已吸引不少香港人及海外的佛教徒到此參觀。不過，淨苑是佛教叢林寺廟，是修行、禮佛的清淨地，非迪士尼樂園，所以要提醒參觀者，請記著謹守門外掛著二十四句以「勿」字為首的句子，例如「勿塗污刻字」、「勿亂貼廣告」、「勿亂跑遊戲」、「勿踐踏草地」等等。

老夫子帶路

●志蓮淨苑地址：九龍鑽石山志蓮道 5 號。

●搭乘地鐵於鑽石山站下車，從C2出口後沿上元街往上步行，再沿鳳德道往東行約5~10分鐘。

上九龍寨城
到南門懷古

成龍的《重案組》電影，在九龍寨城拍攝，不過現在寨城已拆除，成了公園（圖1）。過去的九龍寨城（也有人稱九龍砦城，或稱九龍城寨），為什麼以前是「三不管」地帶呢？真讓我感到好奇，終於，有一天傍晚，與友人進入此公園，雖是走馬看花，但也恍若走入了時光隧道。

曾是防敵據點 曾經三不管

　　九龍寨城，在中國古代一直都是防衛外敵的據點，1842年香港島成為英國殖民地，1847年清廷在此地修建成城牆以加強海防。接著1898年中英簽訂的《展拓香港界址專條》，九龍半島也成了英國殖民地，但九龍寨城仍然歸滿清派兵管轄，所以，九龍寨城內有清朝駐軍。

　　1941至1945年，日本佔領香港期間，為了擴建啟德機場，拆毀了城牆，日本投降後，露宿者開始在九龍寨城聚居。由於香港警察、殖民地政府無權進入，中國的政權又拒絕管理，九龍寨城頓成罪惡溫床、貧民區，因此有人即有以「三不管」（即中國不管，英國不管，香港不管）來形容當地的管轄權問題。據説，龍蛇雜處的小小九龍寨城，在當時居然是全世界人口最密集的地方之一。

2

小想法

●鄰近侯王廟的九龍寨城公園（圖2），添加了不少建築物，公園內有流水、亭台樓閣、曲廊幽徑，很有中國江南古園林風貌，公園外則是市民休憩的好場所，若要騎單車，白天和夜間都有單車出租的服務。

大鵬協府 龍津義學

「九龍寨城公園」是1994年九龍寨城拆除後，於第二年改建成公園的。來到公園，可別忘了參觀昔日三進四廂的衙門「大鵬協府」（圖4），內陳列了與寨城歷史有關的石碑（包括張玉堂拳書「墨緣」、「壽」字等）；龍津義學是九龍城寨裡最古老以及最有名的建築之一， 1847年由九龍司巡檢許文深，在九龍寨城開辦，「龍津義學」四字，則是當時新安縣知事王銘鼎所題的。

「南門懷古」景區必看，因為有拆除公園時發掘的「南門」及「九龍寨城」字樣的石刻等（圖3），此原地保留的「九龍寨城南門遺跡」，是香港法定古蹟之一。

老夫子帶路

● 港鐵樂富站B出口乘計程車至東頭村道。
● 於尖沙咀天星碼頭巴士總站乘1線巴士，於東頭村道(公園入口對面)下車。

采風資訊

● 更詳細資料請看香港旅遊局介紹網頁http://www.discoverhongkong.com/tc/attractions/kln-walled-city-park.html

沙頭角 中英街 兩樣情

對香港什麼地方最好奇？在我來說應是：「沙頭角─中英街」。初聽的人以為是「殺頭角」？非也，而是位於新界大鵬灣西北角的「沙頭角」啦！

中英地界石碑依舊在

新界東北邊界的大鵬灣，早年曾是採螺取珠之處，沙頭角過去也有鹽場，但1898年《香港英新租界合同》與《拓展香港界址專條》簽署後，英國接管新界，沙頭角有了很大的轉變，緣於沙頭角邊界豎起了20塊界碑，東側為華界沙頭角，西側為英界沙頭角，中英街因而建立；1997年香港回歸中國後，則一半屬深圳、一半屬香港。

今尚留有8塊「中英地界」石碑的中英街，兩旁商店林立，多為販售時裝、家具、金飾等免稅商品，不但成了購物者天堂，其特殊的人文歷史景觀也頗吸引遊客。

然而，原為中英街因跨境的獨特背景，近年來讓香港特區政府以保安為理由，收緊遊客通行證；廣東政府也嚴格限制沙頭角禁區的居民進出。

老夫子帶路

●「一街兩制」的中英街，觀光客從深圳或香港進入，都要事先申請通行證。

一國兩制主題觀光園

多年前拿台胞證的我從深圳市到原名為「鸕鷀徑」(圖2.3)的中英街卻不能進入,連持香港護照同行的香港友人祁中,也因未事先申請,而被拒於門外。

不過,幸運遇到當地富都茶行老闆鄭楚生(圖4),熱心地與住在禁區外的友人情商,讓我爬上他們4樓後洋台,遠眺門禁森嚴的中英街(圖1),也算稍微滿足一下好奇心了。

最近聽聞有百年歷史的老街—中英街,將被深圳規畫成「一國兩制」的主題觀光園,令愛好史蹟的我蠢蠢欲動,想一睹中英街的風采呢!

●由香港特別行政區和深圳市共管的中英街,期待開放,能親睹「中英地界」碑。

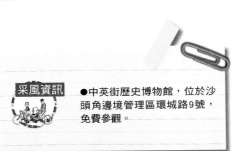

采風資訊 ●中英街歷史博物館,位於沙頭角邊境管理區環城路9號,免費參觀。

到元朗遊大夫第
拜訪文天祥後代

與友人馬龍一家、程榕寧等,坐上往元朗的小巴到新田郵政局站下車,步行約5分鐘後來到永平村的「大夫第」,若不是親自走一趟,還真不敢相信,離香港鬧區不遠的此地,居然有那麼一座宏偉的中國傳統建築。

大夫第就是文氏府第

前後都有廣闊庭院的「大夫第」(圖1),是清同治四年(1865年)文頌鑾所建,樂善好施的文氏,因深得鄉黨推崇,獲得清朝皇帝賜封大夫銜,大夫第就是文氏府第,現在被指定為香港法定古蹟。

老夫子帶路

●於港鐵上水站對面搭乘76K線巴士,至新田站下車(郵政局附近),循路牌指示步行5至10分鐘往大夫第。

此地的文氏，可是南宋愛國大臣文天祥的後人？沒錯，根據文獻記載，文氏的先祖自十五世紀已在新田定居。

東山古廟尋古遊

倘參觀「大夫第」錯過了開放時間，請往前走，進入蕃田村，有座傳統三進兩院的傳統建築，則是紀念文氏先祖的麟峰文公祠；對喜歡遊山玩水兼攬勝者，附近的東山古廟，以及文天祥紀念公園亦值得悠遊。

穿梭這片古意盎然的小村，讓我流連忘返，不知天已昏暗，想到生前踏遍台灣全島古蹟，而今已作古的恩師「古蹟仙」林衡道教授，如果見到這群歷史建築，肯定他也會從文天祥的《正氣歌》開始，如數家珍的告訴我這些建築的歷史意義。

小想法

● 文天祥的《正氣歌》大家耳熟能詳，然幾回我經過廣東中山的珠江口，腦海裡會想起他寫的《過零丁洋》：「辛苦遭逢起一經，干戈寥落四周星。山河破碎風飄絮，身世浮沉雨打萍。惶恐灘頭說惶恐，零丁洋裏歎零丁。人生自古誰無死，留取丹心照汗青。」浩然正氣，實在憾動人心。
● 新田的「文天祥紀念公園」，佔地相當廣，內有文天祥銅像與牌坊，牌匾左右寫上「正氣」、「流徽」4個大字。

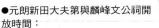

采風資訊

● 元朗新田大夫第與麟峰文公祠開放時間：
每日上午九時至下午一時及下午二時至五時。
逢星期二、聖誕日、聖誕翌日、元旦日及農曆年初一至初三休息。

長洲攬勝
風帆踏浪

到 離島—長洲，尋幽訪勝感覺最是逍遙自在！有說，南丫島是貓的天堂，那長洲島無異是狗與貓的天堂，走到大街小巷甚至郊野山頭，都可看到慵懶、好整以暇的貓與狗。

海上風情　浪漫假期

長洲島上的居民以捕漁維生，所以渡輪碼頭望眼過去，停泊的漁船煞是壯觀，海上風情，非常浪漫，因此週末假日吸引了許多港人與外國遊客來此度假。

在島上，要吃有吃，海鮮餐廳或大排檔是不用說了，懷舊的叮叮糖、碗仔糕都很受遊客的青睞；要玩有玩，如東灣泳灘適合沙灘漫步、觀音灣的水上活動，是水上運動的好所在。

單車遊堤　邊騎邊賞景

你知道嗎？1996年阿特蘭大舉行的奧運會，替香港贏取第一面奧運金牌(滑浪風帆)的李麗珊，當初學滑浪風帆的地方就在此，而租個腳踏車或三輪車沿西堤道，可邊騎邊欣賞沿岸風景，這是都市生活享受不到的。

鳥瞰島嶼　張保仔洞山頂最佳

要鳥瞰島嶼的岩石之美，我會建議到張保仔洞的山頂；倘喜歡傳統節慶者，北帝誕與天后誕有「太平清醮」、「花炮會」等傳統節慶活動很吸引人，端午節也有扒龍船，讓遊客「睇龍舟」。

這還不夠看的話，中興街上的「洪聖廟」有趣的歷史，等著您探訪喔！

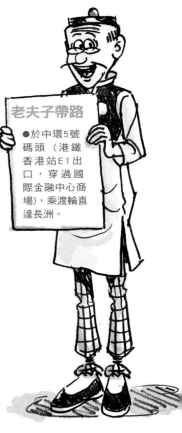

老夫子帶路

●於中環5號碼頭（港鐵香港站E1出口，穿過國際金融中心商場），乘渡輪直達長洲。

張保仔洞

Cheung Po
Tsai Cave

チョン・ポウ
チャイ・ゲーブ

小想法

●與妹妹秀利、外甥文瑀
和思穎同遊長洲，在等
候上船的那一刻，文瑀
眼尖發現有小讀者捧著
老夫子漫畫津津有味地
讀著，看來老夫子漫畫
真是旅遊的良伴呢！

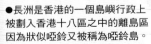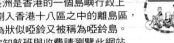

采風資訊

●長洲是香港的一個島嶼行政上
被劃入香港十八區之中的離島區，
因為狀似啞鈴又被稱為啞鈴島。
●欲知航班與收費請瀏覽此網站
http://www.nwff.com.hk/cht/fare_table/

敢探險 就到 長洲「方便醫院」

到長洲，除了搶包山、看飄色，還可以到大新街一號，原稱「棲留所」的方便醫院遺址看看，就在中興街半山腰的「洪聖廟」後方，這座歷史建築物，因長年失修，已形同廢墟。自認不怕鬼魂、膽量夠大者，不妨來此探險，感受過去先民在此棲留的氛圍。

根據歷史的記載，離島的長洲在同治年間已發展成為商賈往來的貿易港口，不過該島在颱風季節，有不少往來貿易的人葬身海中，屍骸沖到岸上後，情況慘不忍睹，而生還者也遭受到流亡及貧疾之苦。因此當時在長洲經商數十年的東莞商人蔡良，便在大石口購地建立「棲留所」；同治十二年六月（1873年），更於「棲留所」旁建立義塚，撿埋無人收葬的骸骨。

采風資訊

● 搶包山是長洲地區的傳統習俗，長洲居民製造平安包供奉神靈之餘，也相信吃下可以保平安，所以每年的活動都吸引數百名壯男「搶包山」。

● 長洲太平清醮的壓軸戲——搶包山，有如福建、台灣部分地區在中元節普渡後，會將祭祀的供品提供民眾搶奪，稱為「搶孤」。

● 長洲太平清醮中的一個重點表演項目——飄色巡遊，又稱會景巡遊，或簡稱飄色。由小孩被支架撐著，扮演中國歷史人物、經典小說中的人物，或新聞、政治名人等，在街上巡遊演出。

● 喜歡長洲文物者，還可到東灣石刻、北帝廟、山頂地界石、水月宮等地。

　　1915年，長洲街坊會對「棲留所」進行擴建，並易名為「方便醫院」，仍然以贈藥及施棺為主。1988年，因長洲醫院的落成，「方便醫院」停止運作。如今醫院殘樓、朽牆、破窗散亂於地面，惟仍見「長洲方便醫院殮房」，在週遭恬靜且茂密高挺的大樹包圍下，頗有廢墟之美。

老夫子帶路

●參觀過中興街半山腰的「洪聖廟」後，可順便到後方大新街一號的「方便醫院」。

小想法

●方便醫院前古樹參天，有小小的休閒空間，倘長洲當局能夠將遺址復修及保存，會是結合保育及歷史教育的好場所。

想當天后
先到長洲看天后

老夫子帶路

●大石口天后宮位於中興街，離洪聖廟很近約5分鐘路程。

到離島只是吃、喝、玩、樂，還有別的選擇嗎？當然有！就説到長洲吧，可到海盜「張保仔洞」與「方便醫院」廢墟探險，甚至徹底來一趟古建築物之旅，應是有趣又很有質感的旅行呢！

尋廟溫古詩　特有古趣

探訪長洲中興街「天后宮」古廟時，我發現一首王之渙的「登鸛雀樓」：「白日依山盡，黃河入海流，欲窮千里目，更上一層樓。」與賈島的「尋隱者不遇」：「松下問童子，言師採藥去，只在此山中，雲深不知處。」的五言絕句詩，出現在廟內的牆壁彩繪上，到廟裡還可溫習古詩，是不是很有趣？真是不虛此行！

「天后宮」古廟到底有多古？瞧，廟前古石碑上刻有：「同治四年重建」，顯然同治四

年(1865年)之前就建廟了，根據長洲鄉事委員會的資料，此廟建於乾隆三十二年（1767年），至今已有240多年歷史了。

敬神拜媽祖 賀誕花炮會

　　天后是誰？猜一猜！但可別盡往歌星或電影明星的名單裡想，這樣可就想岔了。這位天后是華人社會中，廣受敬仰的神明，又叫媽祖，姓林名默娘，福建莆田人。生於北宋建隆元年(西元960年)，是漁民出海作業的保護神，深受中國沿海百姓之愛戴，並建廟供奉。小小的長洲就有四個天后宮，分別在南灣、西灣及金銀灣。可見天后有多受愛戴呀！

　　天后娘娘的生日為農曆三月二十三日，港九各天后廟，均有不少善男信女進香賀誕。不過長洲的天后誕卻在三月十八日，賀誕當日有「花炮會」，善信或水路或陸路，舞獅打鼓，是長洲大型的傳統節日之一。

小想法

●花炮會，多數是為慶祝神誕而組成的民間組織，在天后誕時，村民除了舞龍舞獅、朝拜天后、出會、巡遊外，還舉行盛大的盆菜宴。

采風資訊

●長洲碼頭附近有租單車或三輪車，是遊長洲最好的交通工具。

洪聖爺庇佑
長洲風調雨順

離島長洲是個吃吃喝喝、閒逛的好去處，我在這兒還有個發現，那就是中興街上的半山腰有座「洪聖廟」，古樸的建築特別吸引人。

　　走近瞧去，屋頂剪黏不但古色古香、刻劃忠孝節義的人偶活潑生動，兩邊還有光緒丁酉年與同治十四年字樣。有趣的是，同治只有13年，也就是1874年，那麼這裡的同治14年顯然是有誤？

洪聖爺又稱南海紅聖大王

　　待進入到廟內，主祀供奉的是洪聖爺，配祀有觀音與華陀。主祀洪聖爺的下方有「消災壇」，寫著：千處有求千處應；萬家祈禱萬家靈。

　　洪聖爺是誰？讀者知道嗎？洪聖本名洪熙，他是唐代（六一八至九〇七年）廣利刺

●參觀時正巧遇到一位信
女，非常用心的在打掃
清潔，原來長洲的洪聖
爺保存得很好，不是沒
原因的。
●為什麼會出現同治十四
年，想來應是離島資訊
有誤。

采風資訊

●長洲中興街1號A大新街口，從長洲碼頭徒步
約10分鐘。
開放時間：上午七時至下午五時。

史，廉潔愛民，在位時鼓勵老百姓學習天文地理，並設立天文氣象觀測所，由於計算和預測準確，商旅和漁民都獲益不少，死後被追諡為「廣利洪聖大王」，也稱南海紅聖大王，或稱洪聖爺。長洲居民大部份祖籍來自廣東惠州、潮州與廣州的漁民，因此供奉洪聖爺，把洪聖當做他們守護神，在灣仔、西貢、元朗等地都有「洪聖廟」。

來一趟拜拜加史蹟之旅

本港古廟中有歷史價值的的建築還有不少，如「譚公仙聖廟」、「城隍廟」、「天后宮」、「玉虛宮」、「北帝古廟」、「三山國王廟」「車公廟」、「文武廟」等。週末或放長假期，閒來無事與家人到廟裡拜拜祈福，或來一趟史蹟之旅，應是不錯的選擇喔！

老夫子帶路

●新渡輪：長洲—中環線：24小時往返長洲至中環之間。

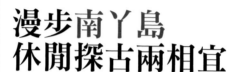

漫步南丫島
休閒探古兩相宜

要遠離喧囂的香港鬧區，不妨到大明星周潤發的故鄉南丫島，親去走訪一趟，休閒、訪古，都讚！

在中環4號碼頭乘搭渡輪可以有兩個選擇，一是榕樹灣，另一條路線是索罟灣，航行時間約三十分鐘。

步行單車　島內好好玩

從榕樹灣碼頭上岸，沿途有許多個性商店與異國料理，傍晚選個露天棚海鮮店，可遠眺海景。喜作日

光浴的遊客，還可到洪聖爺泳灘。

南丫島沒有汽車，除了步行，腳踏車是很好的交通工具。徒步做村莊巡禮，如少埔新村、橫塱村、大圍村等，沿途景致秀麗外，這裡是外籍人士的度假天堂，不少外國人選擇在此長住，過過有東方味卻又休閒的生活呢。

陳氏家塾 不虛此行

喜歡古蹟的讀者，榕樹灣的天后古廟與大灣村內的陳氏家塾當然都不能錯過！

天后古廟有清光緒二年（1877年）及宣統二年（1910 年）的木匾，還有常年守著門口的一對石獅。（照片）陳氏家塾兩旁的對聯「潁川家德懷先澤 祠堂世代啟後人」，可見這兒也是供奉陳氏祖先的地方，在南丫島看到祠堂的村落，真覺得不虛此行 。

小想法

●看夕陽、沙灘浴、漫步小村落，南丫島真是度假的勝地！
●謝謝邱盛材提供此頁面部分照片。

老夫子帶路

●從中環4號碼頭乘搭渡輪,有兩條路線一是榕樹灣,另一條是索罟灣,航行時間約三十分鐘。

采風資訊

●想知道更多,請瀏覽香港旅遊局網站
http://www.discoverhongkong.com/tc/index.html

**十年得七冠
香港赤鱲角機場
硬是了得**

香港機場再度被旅客票選為全世界最棒的機場！今年(2009年)全球機場評比，香港機場得到評審五顆星，這是香港10年之內第7次奪冠，「老夫子采風」也曾寫過「香港赤鱲角機場 是旅客的最愛」，並介紹新的機場功能越來越多，就越受旅客的喜愛。

為什麼香港赤鱲角機場(圖2)連續幾年，都被票選為旅客的最愛？想來應是機場能符合出入境旅客的需求吧？

老夫子帶路

● 到香港國際機場，可搭港鐵或機場巴士。

在機場等待登機時能做什麼？我的詩人朋友張香華，因經常來往於台灣與大陸，她說，通常在香港轉機，若登機前還有時間，一個人會到「茶知小聚」，坐下來口啜茶香，可讓精神鬆弛，也享受了片刻的閒情，免得在偌大的機場若碰到點頭之交的朋友，還要打招呼、寒暄。讓我想到張香華詩句之一「茶不說話 只靜靜一旁飄香」，好雅的境界呀！

4

而我喜歡香港機場有吃、有喝、有看外，最重要的是書店可買到只在香港出版的《老夫子精選系列》當手信，回台灣好分送給親朋好友。

周邊配備多　交通便利

其實，香港機場讓旅客感到自在，周邊的完美配備也是主因之一，如來去機場快綫(圖3)的方便，及免費接駁巴士接送入境遊客至各大酒店，還有離港時在地鐵香港站與九龍站

采風資訊

●根據Skytrax就世界90多個國家的150多家機場向乘客所作的問卷調查，內容涵蓋機場的整潔程度、保安狀態、乘機手續、娛樂設施等，共設31項。

就可預辦登機與行李拖運等服務，真的是非常貼心。

就說旅客在九龍站的航空櫃檯辦好Checkin手續後，倘若時間充裕，九龍站(圖1)即成為最方便的旅遊景點，樓上新開張的「圓方商場」Elements(圖4.5)，或吃或喝或血拼，或只逛櫥窗都不會令人失望。

豪華洗手間　免費供糖果

「圓方商場」是一座大型購物商場，分為五大區域，分別以中國五行的金、木、水、火、土為主題，店家包括有世界名牌服飾店、美容店、食肆及娛樂設施戲院等，應有盡有。其中最令人讚嘆的是豪華洗手間，不但乾淨、美觀，每間廁所內都擺設了新鮮的蘭花盆景，洗手台還有免費的糖果供應，讓人大開眼界呢！

喜歡住時尚旅館的遊客，Elements 樓上的W Hotel不失為最好的選擇，在酒店裡就可以享受美食，以及欣賞一覽無遺的香港維多利亞港美景。

小想法

●圓方商場的洗手間(圖6)堪稱五星級，走出洗手間讓我立刻想到柏楊生前講的一句話，廁所是文化的指標。

搭地鐵四通八達
全世界優游自得

住在香港的人，沒有坐過地鐵的請舉手，我想大概不多吧？香港的地下鐵路(台灣稱捷運)，自1979年開通以來，有觀塘、荃灣、港島、東涌、將軍澳及迪士尼、機場快線等，交通網路四通八達，乘客轉駁非常方便。

ICentre為乘客解惑

可知道香港地鐵（MTR）每日平均載客量有多少人？車站為乘客提供那些額外服務與設施？就我所知不但有「免費刊物」，還有郵箱與繳費服務；更令人拍手叫好的是，在中環、太子、灣仔等站設有互聯網中心「iCentre」，為乘客提供免費收發電郵與上網瀏覽地鐵站附近的吃喝玩樂熱點。

●香港地鐵站每一站都各有特色，如橙色「天后站」、紫色「銅鑼灣」、芥末綠「尖沙咀」，還有上下地鐵的扶梯廣告，讓旅客感覺香港城市色彩繽紛。

采風資訊

●想知道更詳細的服務內容，請上地鐵公司與MTR Club網站。
●地鐵公司：http://www.mtr.com.hk/chi/train/intro.html
●MTR Club：http://www.mtr.com.hk/chi/homepage/c_corp_index.html

「只要搭上地鐵，想去哪就去哪！」地鐵是都市中最便捷的交通工具，年前在「世界各國地鐵之最」的資料中顯示，目前全世界已有100多座城市開通了300多條地鐵線路，且車站建築雄偉壯麗，很多地鐵已成為城市中的重要旅遊景點。

最具商業價值第一名

按乘客流量統計，全球十大地鐵城市是莫斯科、東京、紐約、墨西哥城、巴黎、大阪、列寧格勒、倫敦、漢城、香港。地鐵最多的國家在美國；最清潔、最安全的地鐵是新加波；最新最近代化的是美國舊金山地鐵；修建最早的是英國倫敦地鐵。

猜猜看，香港拿到什麼第一？香港地鐵現代化設備和管理十分完善，地鐵使用的儲值車票，購買時，旅客可享受優惠，面值越大，優惠越多，所以拿到「最具商業價值」第一名。

老夫子帶路

●八達通（Octopus）是香港通用的電子收費系統，真的是「憑卡可以四通八達」喔。

叮叮！飛梭時空
請搭香港電車

您喜歡坐「叮叮」嗎？「叮叮」是什麼？對觀光客來說，可能很少人知道，但只要說是香港電車呀，相信遊客想到電車行進或轉彎時發出「叮叮、叮叮！」的響聲，便會立刻明白且發出會心的一笑。

電車是香港最早的交通工具之一，也是港島北居民的主要交通工具。早在西元1904年已投入服務的電車，歷經了一百多年，現在已成了香港重要的市標之一；還有人開玩笑說，如果在香港島市區迷路的話，只要遇見電車路，即可以此作分辨方向和座標。

從堅尼地城至筲箕灣的電車，每天早上6時至深夜12時為市民服務，今銅鑼灣時代廣場即早年的電車總廠，現已搬遷至西河及屈地街。車身為綠色的電車，可說是香港島上經濟又實惠的陸上交通工具，早年服務還分頭等及三等級制。現在收費也分兩種，一是成人HK\$2，與12歲以下的小童及65歲以上的長者，收費HK\$1，乘客現在除了可以投幣方式，也可使用八達通付款，方便極了。

老夫子帶路

●六條主要路線分別如下：
筲箕灣至上環街市
筲箕灣至跑馬地
北角至屈地街
跑馬地至堅尼地城
銅鑼灣至堅尼地城
上環街市至堅尼地城
無論遠近，成人單程車資為港幣2元正，小童/長者則半價。乘客可以投幣繳車資，也可使用八達通付款。

●想知道香港更多電車歷史，請瀏覽 http://www.hktramways.com/en/home.html

采風資訊

九廣載我夢
帶我進神州

舉世矚目的青藏鐵路在2006年正式通車了。沿途風景奇佳，美麗得令人讚嘆，新疆與西藏的民族風俗亦呈現在旅客的眼前，真是風情萬種呀！你問我，搭乘青藏鐵路了嗎？嘻‧嘻，還沒有，只是跟著電視報導神遊一番，也覺得很過癮咧。

九廣一百歲

雖然尚未見識過青藏鐵路，對於九廣鐵路(原稱東鐵，或者稱廣九鐵路，英文是Kowloon-Canton Railway，簡稱：KCR)倒是挺熟悉喔！建於1906年的東鐵，於1910年啟用，由九龍尖沙咀經新界直達羅湖到中國內地深圳、東莞、廣州，可接通至上海、北京，帶旅人漫遊神州大地。

●從紅磡站搭九廣鐵路入境廣州，如果怕擠的話，建議坐頭等車位較舒適。

掐指一算，如今九廣鐵路正好一百歲，一百年的日子，火車乘載了多少旅人的夢想？

愉快火車行

我曾多次從紅磡搭乘九廣鐵路至廣州深圳的經驗，如果不計較上下車提行李的沉重負擔，那是很愉快的鐵道之旅。對我來說，沿途如大圍、沙田、火炭、大學、大埔墟、粉

嶺、上水的地名很好奇外，印象最深刻的是出了羅湖進入深圳以後，尤其是到了東莞至廣州間，火車飛快，一眼望去，仍保有原始的鄉村景觀，與都市高樓大廈的市容很不一樣，對於「車到山前必有路」更有深刻的體會。

　　喜歡旅遊的讀者，何不來趟穿過高山、越過小溪，一路玩下去的火車之旅？

●九龍至廣州的九廣鐵路包括廣深鐵路（廣州至深圳）及九廣東鐵（羅湖至九龍）。現時仍然有直通車來往九龍（紅磡）至廣州東之間，並延伸直通至上海、北京等城市
欲知更多，請瀏覽此網站：
http://www.kcrc.com/tc/index.html

采風資訊

老夫子帶路

●九廣與地鐵兩鐵合併，香港境內有──
東鐵（九廣東鐵）：尖東站羅湖站／落馬洲站，現時為港鐵東鐵綫。
輕鐵（九廣輕鐵、輕便鐵路）：來往屯門區及元朗區之間，現時為港鐵的輕鐵。
西鐵（九廣西鐵）：南昌站屯門站，現時為港鐵西鐵綫。
馬鐵（馬鞍山鐵路）：大圍站烏溪沙站，現時為港鐵馬鞍山綫。

天星小輪
徜徉維港美景

對初次到香港的遊客,在住宿選擇上不免問住香港島?還是九龍?哪兒會較方便?其實近年來只要來過香港的遊客,就知道香港運輸工具有多種選擇,如巴士、地鐵還有搭船,交通甚是便利。

通常住九龍要到香港島,不趕時間時的話,我喜歡前往尖沙咀天星碼頭搭天星小輪,看著碼頭熙熙攘攘的人群,總會讓我想起王澤早年「為生活而鬥爭」(1958年3月12日刊於星島晚報)的四格漫畫,其中一格「爭先上岸」(請看153頁)就是描繪天星小輪乘客上岸的情景。

從1898年起天星碼頭就已為乘客提供港島、九龍之間的渡海服務,當我坐在天星小輪的上層,彷彿看到當年住在薄扶林的王澤,也坐在我身邊。他銳力的眼光,不但瀏覽景觀也忙著捕捉身旁眾生相,才會有那麼生動的生活寫照畫面。因為天星小輪的緣故,我突然發現與遠在美國的王澤是那麼的近。

老夫子帶路

●尖沙咀天星碼頭:
九巴2號線、九巴1號線,都可以直接到達尖沙咀碼頭巴士總站。

●在尖沙咀天星碼頭搭船前，書報攤一定是要瀏覽的，建議買一本近期的《老夫子精選系列》當手信，送給住在全世界的華人朋友，相信是最受歡迎的禮物喔。

我記得知名藝人莫文蔚(Karen Mok)曾經說過，來香港沒有搭天星小輪，不算來到香港。只需花港幣$1.4至$2.3元不等，就能穿梭維多利亞港的九龍與香港間，這也是我愛上天星小輪的原因之一。

「爲生活而鬥爭」

工作緊張。

爭先上岸。

八樓

放工回家。

搶上電梯。

王澤作。

▲原刊於1958年3月12日星島晚報。

●欲知所有小輪班次與渡輪與租船服務，請瀏覽天星小輪有限公司網站：
http://www.starferry.com.hk/

采風資訊

愛上青馬大橋

「輕輕的我走了，正如我輕輕的來；
我輕輕的招手，作別西天的雲彩。
那河畔的金柳是夕陽中的新娘波光裡的艷影，
在我的心頭蕩漾···」

不管是徐志摩的「再別康橋」，或卞之琳的〈斷章〉：

　「你站在橋上看風景 看風景的人在樓上看你 明月裝飾了你的窗子
你裝飾了別人的夢。」橋，給我的印象是浪漫的，然而青馬大橋，除了
浪漫，還能感受到風馳電掣的暢快之感！

　　青馬大橋的「青」是指青衣島，而「馬」是指馬灣，從香港赤鱲機
場返回市區，青馬大橋是必經之路，此座橋橫跨青衣島、馬灣、水門大
橋直通大嶼山，鐵路兩用吊橋，是香港近代最大規模的建築工程。

吊纜鋼線總長16萬公里

　　根據香港旅遊發展局的介紹：「青馬大橋自1992年5月起興建，歷時五年竣工，橋身長度為2.2公里，主跨長度1,377米，離海面高62米。其混凝土橋塔高206米，採用的吊纜鋼線總長度達16萬公里，單是結構鋼重量便高達5萬公噸。」哇！光是這些數字就讓人大開眼界了！

　　遠眺青馬大橋，自是壯觀無比，傍晚在夕陽餘暉下觀賞橋上景色，浪漫不在話下，當夜幕低垂，在璀璨的燈光映照下，景與物顯得份外醉人。

小想法

●青衣的地名，總讓我想起京劇的青衣旦角色；青衣島與青衣角色有關嗎？有說古稱春花落、秤衣的青衣島，因盛產青衣魚與外形似青衣魚而名，所以跟青衣旦角色沒關啦。
●馬灣則原名媽灣，因海灘北面有一所天后廟媽祖天后娘娘而思得名。
●幾回由漫畫家馬龍開車走青山公路，遠眺青馬大橋與汲水門大橋、汀九橋又是一番風情。橋，總是帶給人們希望、便利與無限遐思。

老夫子帶路

●往「青嶼幹線訪客中心」：由地鐵青衣站A1出口，或乘308M線綠色小巴前往。

●港鐵青衣站出發(每小時一班)，逢星期一至五上午10:00至下午4:00;星期六、日及公眾假期上午9:30至下午6:30。返回港鐵青衣站(每小時一班)，逢星期一至五上午10:30至下午4:30;星期六、日及公眾假期上午10:00至晚上7:00。或搭計程車於港鐵青衣站A1出口乘計程車前往。

*註：部份308M綠色線小巴不在訪客中心停站，請於登車時再向小巴司機查詢。

采風資訊

●欲觀賞青馬大橋的全貌或美麗的夜景,可前往位於青衣的「青嶼幹線訪客中心」觀景台眺望,展覽廳主要是介紹大橋的歷史背景、建造過程、選料及一些有趣的大橋數據,在觀景台的右側,即是汀九橋。

●青衣站:是港鐵東涌綫及機場快綫共用的鐵路車站,青衣站上的青衣城是大型商場,2009年元月初「老夫子黃金45周年」即在青衣城展出(圖1~5,圖5是吳興記書報社社長吳中興先生攝於展覽會場門口)吸引了許多老夫子的粉絲前往觀賞。

●「青嶼幹線訪客中心」訪客中心及觀景台都免費入場。

開放時間:

星期一至星期五,上午10時至下午5時;

星期六、日及公眾假期,上午10時至下午6時半;

元旦、農曆新年及聖誕假期亦休息。

觀景台 開放時間:

觀景台全年開放,每日的開放時間較訪客中心長。

星期日至星期五,上午7時至晚上10時半;

星期六及公眾假期,上午7時至翌日凌晨1時半。

張保仔號 Aqua Luna

張保仔號航香江
維港點點古色香

老夫子帶路

●尖沙嘴四號碼頭或中環皇后碼頭搭乘。

航行於維多利亞港的船隻無數,其中載著遊客暢遊香江風情的有「鴨靈號」與「張保仔號」,而古色古香的「張保仔號」,尤為醒目,非常吸引人。

張保仔何許人也?

在香港,說到「張保仔」海盜,人盡皆知,以「張保仔號」來招攬遊客也就不足以為奇了。張保仔,原名張保(1768~1822),新會江門人,他為什麼會淪為海盜?根據嘉慶十五年(1810年),張保仔被迫向清朝投降,其降文書自稱,他本來是良民,因結交不慎,而陷入迷途。

清嘉慶中葉，張保仔在珠江出海口、香港大嶼山一帶，專劫官船、糧船和洋船，還有過往商船經過他的地盤，必須繳納「行水」（保護費），他以香港為根據地，開荒生產，標榜自己為「第二鄭成功」。

香港處處藏金傳說

據民間傳說，由於張保仔出身貧苦，往往嚴禁部下在駐紮地區掠奪老百姓的財物。張保仔投降清廷後，官升副將，為滿清效力。

香港至今還有張保仔藏金的傳說，和不少有關的遺跡，如西營盤，是張保仔當年營寨的所在地，扯旗山有張保仔古道，鴨脷洲有張保仔石炮臺，五鼓嶺有張保仔瞭望台；塔門、南丫島和春坎角、長洲都有張保仔藏金的傳說，其中最為人所知的是長洲張保仔洞。

●每日提供八次暢遊維港服務的「張保仔號」，網站 請參考http://www.aqua.com.hk 。

小想法

●扯旗山（Victoria Peak）是太平山山頂的山峰之一。
●謝謝友人Andy Lam 提供張保仔號船照片。

2009年7月23日@HK

老夫子香港采風　轟動香港書市！
現場直擊讀者擠爆香港簽書會場！

采風系列讀者支持卡

感謝您用行動支持賽尚圖文出版的好書！與您做伴是我們的幸福

讓我們認識您

姓名：_____

性別：□1.男　□2.女

婚姻：□1.未婚 □2.已婚頂客族 □3. 已婚有子女

年齡：□1.10~19 □2.20~29 □3.30~39 □4.40~49 □5.50~

地址：□□□_____

電子郵件信箱：_____

電話：(日)_____ (夜)/手機_____

職業：□1.學生 □2.餐飲業 □3.軍公教 □4.金融業 □5.製造業 □6.服務業 □7.自由業
　　　□8.傳播業 □9.家管 □10.資訊 □11.自由soho □12.其他_____
　　　（請詳填本欄，往後來自賽尚的驚喜，您才接收得到喔！多使用E-mail，可以響應環保。）

關於本書

您在哪兒買到本書呢？

連鎖書店 □1.誠品 □2.金石堂 □3.何嘉仁 □4.新學友

量販店 □1.家樂福 □2.大潤發 □3.愛買 □4.其他_____

一般書店 □_____縣市_____書店

其他□1.劃撥郵購 □2.網路購書 □3.7-11 □4.書展 □5.其他_____

您在哪裡得知本書的消息呢？(可複選)

□1.書店 □2.大型連鎖書店的網路書店 □3.書店所發行的書訊 □4.雜誌 □5.便利商店
□6.超市量販店 □7.電子報 □8.親友推薦 □9.廣播 □10.電視 □11.其他_____

吸引您購買的原因？(可複選)

□1.主題內容 □2.圖片品質 □3.編排設計 □4.封面設計 □5.文字風格 □6.優惠活動
□7.資訊豐富實用 □8.作者粉絲 □9.賽尚之友

您覺得本書的價格？

□1.合理 □2. 偏高 □3.偏低 □4.希望定價_____元

您都習慣以何種方式購書呢？

□1.書店 □2.劃撥郵購 □3.書展 □4.量販店 □5.7-11 □6.網路書店 □7.其他_____

給我們一點建議吧！

_____

填妥後寄回，就可分享來自賽尚圖文的出版訊息與優惠好康喔！

老夫子
香港采風－香港道地私房景點遊

填問卷送好禮，數量有限！

1Q：請問您到過香港？

　　□1次 □2-3次 □5次以上 □無數次了 □無

2Q：到香港的目的？(可複選)

　　□觀光 □購物 □吃 □約會 □探親 □公務

3Q：到香港喜歡住？(可複選)

　　□中環 □銅鑼灣 □金鐘 □灣仔 □九龍
　　□離島

4Q：到香港機場以後，乘坐交通工具？(可複選)

　　□機場快線 □巴士 □親友接機 □其他

5Q：您知道九龍、香港站可直接辦理登機手續？

　　□不知道 □知道(請參考本書140頁「香港機場」)

6Q：在香港已搭乘的交通工具有？

　　□地鐵 □小巴 □電車 □天星小輪

7Q：您知道李安導的「色，戒」電影，其中場景在
　　香港拍的嗎？

　　□知道 □不知道 (請參考本書42、64、94頁。)

8Q：您最熟悉哪些香港景點？

　　□蘭桂坊 □太平山 □狄斯耐樂園□離島(請寫
　　出離島地名)

9Q：您最想去的香港景點？(可複選)

　　□博物館 □時尚潮品店 □特色旅館 □好吃有
　　特色的餐飲 □古蹟

10Q：您看了本書，會想進一步認識香港嗎？

　　□好想去香港 □再去香港時要帶著本書
　　□原來香港好精彩

11Q：我喜歡本書：

　　□封面 □內容 □夫子漫畫 □老夫子插圖
　　□景點簡圖

12Q：我會更加喜歡，如果本書內容增加：

　　_____

　　_____

請沿虛線剪下，謝謝！